周秀娟 李畅 郑路 著

人格权法热点问题研究

Rengequanfa Redian Wenti Yanjiu

光明日报出版社

图书在版编目（CIP）数据

人格权法热点问题研究 / 周秀娟，李畅，郑路著
.-- 北京：光明日报出版社，2018.8（2022.9 重印）
ISBN 978-7-5194-4553-9

Ⅰ.①人… Ⅱ.①周… ②李… ③郑… Ⅲ.①人格—
权利—法学—研究 Ⅳ.① D913.04
中国版本图书馆 CIP 数据核字（2018）第 192948 号

人格权法热点问题研究
RENGEQUANFA REDIAN WENTI YANJIU

著　者：周秀娟　李　畅　郑　路

责任编辑：杨　茹　　　　　　责任印制：曹　净
封面设计：李彦生　　　　　　责任校对：傅泉泽

出版发行：光明日报出版社
地　　址：北京市西城区永安路 106 号，100050
电　　话：010-67078251（咨询），63131930(邮购)
传　　真：010-67078227，67078255
网　　址：http://book.gmw.cn
E - mail：gmrbcbs@gmw.cn
法律顾问：北京市兰台律师事务所龚柳方律师

印　　刷：三河市华东印刷有限公司
装　　订：三河市华东印刷有限公司
本书如有破损、缺页、装订错误，请与本社联系调换

开　　本：165mm×230mm
字　　数：244 千字　　　　　　印张：16
版　　次：2018 年 8 月第 1 版　　印次：2022 年 9 月第 2 次印刷
书　　号：ISBN 978-7-5194-4553-9

定　　价：75.00 元

参加撰写人员名单

华清，男，1994 年出生，长春理工大学法学院，民商法方向硕士。

申玉中，男，1993 年出生，长春理工大学法学院，法律硕士。

王宇涛，男，1994 年出生，长春理工大学法学院，法律硕士。

王傅瑶，女，1992 年出生，长春理工大学法学院，民商法方向硕士。

陈雨兰，女，1996 年出生，上海大学法学院，民商法方向硕士。

目　录

第一编

人格权法基本问题研究

第一章　人格权概论

第一节　人格权概述

一、人格概念的由来

人格（Personality）一词来源于希腊语"Persona"，原来主要是指演员在舞台上戴的面具，与戏剧角色有关，与现代人格的含义并不相关，后来引申为多种说法。法学上运用的"Persona"一词可以追溯到罗马法时期，用其表示权利、义务主体的各种身份。而在罗马法中其他两个关于人的用语，一是"Homo"，指生物意义上的人；二是"Caput"，原意为头颅，后被罗马法学家和裁判官用来指权利、义务的主体资格，寓意为权利、义务的主体资格对人来说，犹如头颅对人一样重要。

在古代，整个社会具有鲜明的等级森严的身份制特征。"人格"只是处在不同地位的人的身份表述，而且绝大多数人的这种"人格"还不完整。由此可以看出，古今法律关于法律人格制度的含义是存在巨大差异的：在罗马法中，人是否具备法律人格与人的本质属性无关，其受限于外在于人的客观情况，因此其属于赋予性规范。而在现代私法中，人是否具备法律人格来源于人内在属性的规定，因此其属于确认性规范。

二、人格在法律上的含义

在法学上，"人格"一词是一个极为抽象的概念，在不同的场合被赋予不同的含义。学者对"人格"这一概念在法律上归纳出以下含义。

第一，是指具有独立、平等法律地位的民事主体，是权利取得的基本资格。从民法的角度来看，人格是指具有独立民事主体地位的个人和组织，主要包括自然人和法人。其中自然人是指依自然规律出生的、具有血肉之躯的人格；法人则是相对于自然人而言的、由法律拟制的人格。在这个意义上使用"人格"这个概念，意味着人格与人、与主体的含义是等同的。人格具有独立性，表现为意志独立、行为独立、财产独立、责任独立。在这个意义上，人格是人格权的载体，人格的产生和消灭将导致人格权的享有和丧失。

第二，是指成为民事主体所必须具备的资格，后来在民法中被表述为作为民事主体必备条件的民事权利能力。正如黑格尔所指出的，"人格一般包含着权利能力，并且构成抽象的，从而是形成的法的概念"[1]。民事权利能力是充当民事主体，即作为民法上的人所必须具备的法律资格。凡具有民事权利能力的人，即可成为民事法律关系的主体，享有民事权利和承担民事义务；不具有这种主体资格，就无法享有人格权及财产权等民事权利。

三、人格权的概念

罗马法中包含了朴素的人格权理念，但是由于罗马法界定"人格"的标准是人的身份，在不同的血缘关系、不同等级的人之间，他们的"人格"是不平等的，而且罗马法中虽然运用了"人格"，但并没有从生命权、荣誉权和名誉权中抽象出人格权的概念，在学说上对各种具体的人格权缺乏

---

1 黑格尔. 法哲学原理[M]. 范扬，张企泰，译. 北京：商务印书馆，1982：46.

理论概括。因此，罗马法并没有真正意义上的人格权，也不可能产生作为主体固有权利并具有平等性的人格权概念。

随着社会不断进步，法律不断发展，人格权的概念也在不断丰富。在人格权这一概念的发展过程中，实际上形成了两种截然对立的观点。

（一）人格权否定说

人格权否定说最早由德国学者萨维尼等人提出，并为《德国民法典》的起草者温特沙伊德所采纳，认为权利是人支配物的关系，而不是人支配人的关系，所以就无法规定人格权。这种人格权否定说的观点对日本等国家的学者产生了重要影响，不少学者曾对这一概念存在的合理性提出质疑。他们否定人格权概念的主要理由是：第一，权利是法定的，是由法律赋予权利人所享有的支配力和利益，而生命、身体、自由等乃是个人与生俱来、自然享有的，是权利人所享有的支配力和利益。虽然生命、自由等利益可由法律加以限制，但并非由法律确认后，个人才能享有这些权利。若认为生命等为一种权利，则否定了生命等具有的自然属性，反而不能解释这些利益的产生及本质。[1]第二，生命、身体、自由等是超乎权利之上的人格，与债权、物权等不可等量齐观。如果承认人格权，反而贬低了生命、身体、自由等的意义。生命等利益是超乎于权利之上而存在的，既是权利产生的基础，也是权利的归属。[2]第三，如果承认人格为权利，则必然要将生命、身体、自由等人格利益作为权利客体，这样必然造成人是权利主体，又是权利客体的混乱现象。[3]

（二）人格权肯定说

在《德国民法典》的制定过程中，德国学者基尔克等人主张采纳人格

---

1 龙显铭. 私法上人格权之保护[M]. 北京：中华书局，1948：2.
2 末川博. 权利损害论[M]. 东京：岩波书店，1970：412.
3 陈民. 论人格权[J]. 法律评论，1962，28(8/9).

权的观点。耶林也系统地阐释过人格权的理论。他从罗马法出发区分了有体物和无体物，认为名誉、荣誉等利益属于无形财产，应当受到保护。[1]他希望扩大民法所保护的合法利益之范围，特别是将人身利益等非财产利益纳入民法的保护范围内。科勒等人认为，法律赋予生命、身体、自由、名誉等法益为一种权利，并排斥第三人的侵害，就应当承认其为一种权利，事实上既然自然人享有的此种利益受到法律保护，就应当承认这些利益为法律上的权利。[2]人格权是保护个人完整的精神与肉体上存在的权利，也是一般地保障生存与发展的权利。根据基尔克等人的主张，个人不仅应当享有特别的人格权，还应当享有一般人格权。[3]

上述肯定和否定人格权的观点曾经对《德国民法典》的制定产生某种程度的影响，但从现在世界各国的立法和判例来看，特别是第二次世界大战之后，大陆法系国家已经普遍接受人格权肯定说。

第二节　人格权的法律特征

通常认为，人格权特征，是相对于传统的财产权而言的，具有以下独特属性。

一、人格权具有固有性

人格权是民事主体所固有的权利，是人之为人的基本权利。人格权的

---

1 VON JHERING R..*Geist des römischen Rechts auf verschiedenen Srufen senier Entwickung*[M].Leipzig:Breitkopf und Härtel Sth ed.,1891.

2 KOHLER J.. *Das Eigenbild Im Recht*[M]Kessinger Publishing,LLC,1903:6.RADBRUCH G. Einfuehrung in die Rechtswissenschaft[J].1919:27.

3 O.GIERKE. *Deutsches Privatrecht(Band I)*[M].Leipzig,1895:702.

固有性体现在：第一，人格权的固有性是人格权与其他民事权利的基本区别之一。虽然人格利益是主体固有的，但人格权作为一种权利，是通过法律确定的，一旦自然人出生、法人成立，就依法享有人格权。第二，人格权的固有性还表现在它与民事主体的存在共始终，公民、法人只要具有法律上的人格，就享有人格权，既不能因某种事实而丧失，也不能基于某种原因而被剥夺。人格权不得转让、抛弃、继承，不可与民事主体的人身相分离。[1]第三，人格权的固有性也表现在它脱离民事主体的个人意志而存在。人格权是法律对个人进入社会的资格的确认，它不需要有独立意志的个人实际享有，不论个人是否实际意识到这些权利的存在，人格权都是客观存在的。[2]第四，人格权也不需要主体实施一定的行为去实际取得，所有的民事主体平等地享有人格权。与古代社会把人划分为不同等级的人格不同，现代社会的公民不论其年龄、智力、受教育程度、宗教信仰、社会地位、财产状况等方面存在何种差别，也不论其是否参与民事法律关系，法人不论其规模大小、成员多少、级别高低等，都平等地享有人格权，绝不因此而有差别。

二、人格权具有人身专属性

人格权作为与生俱来的权利，人身专属性为其首要性质。这种专属性表现在两方面。第一，人格权由民事主体专属享有，并非为其他组织所享有。根据法律规定，除法人和公民以外，其他组织不具有法律上的人格，不享有人格权。第二，人格权由民事主体专属享有，只能由每个民事主体单独享有，这种专属性，使其区别于继承权、债权等民事权利。民事主体抛弃、转让、继承人格权的行为，均属无效，非法限制、干涉民事主体行使人格权的，属于侵权行为，应受到民事责任的制裁。尽管随着人格权商品化的

---

1 杨立新. 人身权法论[M]. 3版. 北京：人民法院出版社，2006：72～74.
2 王利明. 人格权法新论[M]. 长春：吉林人民出版社，1994：10～11.

趋势，部分人格权如肖像权、姓名权的使用权可以转让，但商品化的现象不适用于生命、健康、身体、自由等大部分人格权，人格权作为一个整体也是不得转让的。

三、人格权是以主体享有的人格利益为客体的民事权利

人格利益分为一般人格利益和具体人格利益。前者主要指公民的人格独立、人格自由和人格尊严，后者包括生命、健康、姓名、名誉、隐私、肖像等具体人格利益。就自然人而言，人格利益是其享有的最高法益，对人格利益的保护则旨在维护人的主体性存在，这种存在是主体得以从事其他民事活动的前提和载体。它一般不像财产利益那样具有有形的特征，尤其是名誉、肖像、隐私、贞操、自由等利益，都是行为与精神活动的自由和完整的利益，且以人的精神活动为核心而构成，体现一定的精神利益。对自然人这些人格利益的侵害，必然造成主体精神上的痛苦，而对生命安全和身体健康两种人格利益的侵害，也必然会破坏权利主体与他人建立起来的社会关系，并给权利人造成一定的精神损害。当然，也有一些人格权，尤其是法人的人格权，基于主体的特殊性，其客体不完全体现为精神利益。

第三节　人格权与相关民事权利

一、人格权与身份权

（一）身份权的概念

身份权是指基于自然人之间或法人之间的某种关系、某种事件或某种行为而产生地位、资格方面的权利，包括亲属权、抚养权、监护权等，是

维护民事主体特定的身份利益所必需的民事权利。

理解现代身份权的本质，我们必须把握以下几点。

第一，身份是民事主体享有身份权的根据。身份权中的身份是指一种地位，是民事主体在特定的民事法律关系中所处的某种地位或资格，且必须借助一定的词汇来表达，如配偶、父母、亲属等就是这种地位的恰当反映，而且这种身份并不包含支配他人的特权。

第二，身份权的客体是身份利益。民事主体在特定的社会关系中享有的身份，有助于发展主体，弥补主体行为能力的不足。主体享有某种身份，就享有某种利益，这种利益以身份为发生根据，因此可称为身份利益，身份权就是支配身份利益的民事权利。

第三，身份权不是民事主体的固有权利。身份权是民事主体产生后，通过自己的行为创设的权利，且身份权可被剥夺。

（二）人格权与身份权的共性

人格权与身份权同属于人身权的范畴，具有共同的属性。

1. 人格权与身份权都是专属权

人格权和身份权都是与权利主体的人身密切联系在一起的，具有专属性和排他性，它们的客体都表现为与权利人的人身不可分离的利益。例如，生命、健康、姓名、名誉和身份等只有和特定人联系在一起，才有意义。由此决定了这种权利只能由权利人自己享有和行使，是民事主体的人身不可缺少的内容，具有严格的排他性，不得转让，也不得抛弃或由他人继承。[1]

2. 人格权与身份权都是对世权

人格权和身份权在内容上表现为权利人对其精神利益（如名誉、姓名、身份等）直接支配，权利人无须他人的协助就可以实现其权利。这两种权

---

[1] 杨立新. 人格权法[M]. 北京：法律出版社，2011：70.

利的义务主体都不是特定的人，权利主体以外的一切人均为义务主体，负有不作为（不为侵害行为）的义务。

3. 人格权与身份权均不具有直接的财产性

人身与财产不同，不具有直接的财产内容。尽管人身权的行使与财产权有一定的联系，并且会为权利人带来一定的财产利益。但是，民事主体行使身份权和人格权，其目的主要是实现权利人的内在价值，而不是谋取经济利益。需要说明的是，身份权中的具体权利，如抚养、扶养、赡养的请求权，财产因素至为明显，但这种权利与财产权不同，是为维持民事主体自身生存所必需的权利，而不是以财产的占有、使用、收益、处分为目的。

4. 人格权和身份权都体现了个人的价值和尊严

从法律保护的目的来看，由于人格权和身份权都体现了个人的价值和尊严，并都以人格的独立和平等为基础，所以对这两种权利的保护都有利于实现和维护人格的独立和平等，确认个人的共同价值并鼓励个人以自己的意志支配自己的人身活动，自主地从事各项正当的社会交往。

（三）人格权与身份权的区别

人格权和身份权尽管存在上述共性，但它们毕竟是两类不同的权利，主要区别如下。

1. 人格权与身份权的法律作用不同

人格权是民事主体具有法律上的独立人格所必须享有的民事权利，这种权利为民事主体所固有，并为法律所承认。任何个人都享有平等的人格权，没有这些权利便使个人丧失了作为人的权利。而对身份权来说，其法律作用是维护以血缘关系等组成的亲属团体中人的特定地位及相互之间的权利义务关系。身份权的享有不仅受法律规定的限制，还受制于权利主体的社会属性、身份和地位。

2. 人格权与身份权的法律地位不同

由于人格权与身份权的法律作用不同，导致在人身权体系中，人格权与身份权的地位并不相同。人格权是人身权主导的权利，是基本权利；而身份权在事实上以人格权的存在为前提。人格权是人的生存需要的法律表现，身份权则是自然人在生活中及其相互之间关系的法律表现。从根本上说，身份权是人格权的扩展和延伸。

3. 人格权与身份权的客体不同

从客体上来看，人格权以人格利益为客体，人格利益包括维护自然人生理活动能力的安全利益、主体人身专有标志的安全利益、主体所获得的社会评价和自尊的安全利益等。而身份权的客体则是基于一定的身份所取得的利益，简称为身份利益。严格地说，现代身份权所支配的不是特定的人及其身份，而是因为身份关系而体现的利益。[1]

4. 人格权与身份权的产生条件不同

人格权是民事主体的固有权利，因主体的出生或成立而产生。而身份权并不是民事主体生而固有的权利，其产生原因各不相同。尽管自然人一经出生，就与其父母、姐妹兄弟、祖父母、外祖父母产生了亲属法上的身份权，但这种身份权的产生，不是生来固有，而是依其出生构成的亲属关系而取得的身份权。此外，养父母子女、继父母子女之间的身份关系是基于收养、抚养的行为和事实而取得。

二、人格权与财产权

（一）人格权与财产权的联系

财产权，是指以财产利益为内容，直接体现财产利益的民事权利。在社会漫长的发展过程中，人格权与财产权的关系从混同到分离，作为一种权利类型逐渐独立于财产权。可见，人格权与财产权具有密切联系。

---

1 杨立新. 人身权法论[M]. 修订版. 北京：人民法院出版社，2002：107.

第一，人格权与财产权总是归属于特定主体。主体人格的存在，是主体得以享有和行使各项民事权利的前提。在这个意义上，可以说人格权，尤其是其中的生命健康权，是自然人得以享有并行使各项财产权的逻辑前提。若主体的人格受到损害，主体就不可能正常地行使财产权，所以，人格权乃是财产权取得和行使的前提。

第二，人格权与财产权都是借助民事权利这种法律形式来维持民事主体的生存和存续，并促进民事主体的全面发展。人格权维护的人格利益，和财产权维护的财产利益，都是民事主体进行各类民事活动的基本前提，离开其中的任何一种，民事主体都不可能更好地生存和发展。

第三，欠缺对于两种权利中的任何一种类型权利的保护，另一种类型的权利也不可能得到保护。一方面，对财产权的保护有利于维护个人的自由、平等、独立等人格利益的实现。离开了对民事主体财产权利的确认和保障，民事主体的人格权利也不可能得到充分的保护。另一方面，对人格权的维护也是财产权实现的基础。因为很难设想，如果欠缺对民事主体人格权利进行确认和保障，又将如何建立起一个保护民事主体财产权制度的完善的法律体系。

（二）人格权与财产权的区别

人格权与财产权的密切联系并不意味着财产权与人格权在性质上是同一的，或者对财产权的保护可以替代对人格权的保护。如果人格权的存在价值和目的仅仅是保障财产权的享有和实现，则人格权就会转换为从属于财产权的权利，这势必导致人格尊严和价值沦为商品和金钱的奴役对象。人格权不是从属于财产权的权利，而是自然人的基本人权。在认识到人格权与财产权的联系时，也必须注意到它们之间的区别。

从具体的法律关系来看，两者的区别主要表现在：

1. 人格权与财产权的作用不同

自然人都平等地享有各类人格权,如果个人不具有基本的人格权,如生命权、自由权、姓名权等,就不能维持人的生存、保障人与他人的交往,从而必将妨碍个人成为法律主体。然而,对于任何个人来说,不享有独立的财产权虽然会妨碍其行为自由,但并不妨碍个人享有权利能力并成为法律主体。由于人格权与主体关系密切,应当置于各种民事权利之首,当人格利益与财产利益发生冲突时应优先保护人格利益。所以,与财产权相比,原则上人格权应当具有优先性。

2. 人格权与财产权的权利客体不同

人格权是非财产性权利,它并不以一定的财产利益为客体,而以一定的生命、身体、健康和各种精神利益、精神需求为客体。人格权的客体即人格利益不能直接表现为商品,不能用金钱计算其价值,也不能作为财产加以消费、分割或有偿转让。而财产权以财产利益为客体,是可以用金钱计算其价值的。[1]

3. 人格权与财产权的取得方式不同

一般而言,自然人的人格权原则上因其出生而取得,因其死亡而消灭。不管是出生还是死亡,都属于民事法律事实中的事件。当然,法人人格权则随法人的成立而产生,这主要通过其设立的行为方式来实现,属于民事法律事实中的法律行为。财产权并非与生俱来,取得方式具有多样性,不管是自然人还是法人都可能通过事件、法律行为乃至事实行为的方式取得。

三、人格权与知识产权的区别

尽管人格权与知识产权关系紧密,但二者也是两种不同的民事权利,主要区别在于如下几点。

---

[1] 杨立新. 人身权法论[M]. 修订版. 北京:人民法院出版社,2002:88~89.

第一，人格权是具有专属性的权利；而在知识产权中，专利权与商标权并不涉及人格权问题，因而其不具有专属性。"著作权中的精神权利是以某种受版权法保护的作品的产生为前提的，与人身权的依法产生之间并没有任何联系"[1]，著作人格权并不具有专属性。

第二，二者对物质载体的需求不同。所谓物质载体，是指著作权应当以物质形式将作品固定下来，这种载体可以是书本、纸张或者是电磁波等。要求作品固定在物质形式上，主要是为了在著作权纠纷出现以后，便于取证。[2]而人格权保护的客体不是物质，也不是文章载体，而是人格的存在及自主决定领域，实质化于生命、身体、姓名、肖像等对象之上，并对这些对象上所体现出的人格利益加以保护。[3]因此，人格利益是不需要固定化的，不需要附着于一定的物质载体上。

第三，二者权利客体不同。著作权虽体现了一定的人格利益的因素，但它主要还是以财产利益为客体的。而人格权的客体则主要是生命、健康、名誉、肖像、姓名等各种人格利益，人格权所保护的是人的精神方面的利益和需求。

第四，二者产生方式不同。即使承认著作权中体现了一定的精神利益，这种精神利益也必须以作品的完成为前提。所以，著作权基于创作这一事实行为而产生，取得权利的时间是作品完成之时，而人格权的产生不需要与作品发生联系，人格权的产生一般始于人的出生或者法人的成立。[4]

第五，在与人格的联系方面，人格权是维护和实现个人独立、平等人格的前提和保证，它对于维护个人的生存和发展、保障个人从事正常的社会交往活动，相对于知识产权来说更为重要。而知识产权主要是人格权与

1 刘沂江. 著作精神权利基本问题分析[J]. 贵州民族学院学报(哲学社会科学版)，2004(02)：42.

2 郑成思. 版权法[M]. 北京：中国人民大学出版社，1990：161.

3 N.LUHMANN.*Soziale Systeme*[M].Suhrkamp Verlag,1984: 220.

4 郑成思. 版权法[M]. 北京：中国人民大学出版社，1990：161.

财产权相结合的产物，知识产权本身是以物质财富为客体的，实际上是一种无形的财产权，所以，认为人格权在性质上等同于知识产权的观点是不正确的。

第四节　人格权的主体

人格权的主体指在人格权法律关系中享受权利、承担义务的法律关系主体。人格权的权利人是权利主体，其义务人是权利人之外的一切不特定的人。权利人在以他自己为权利主体的人格权法律关系中，永远是权利的主体，而在其他任何人为权利主体的人格权法律关系中，则永远是任何权利人的义务主体。传统民法上的人格权主体主要是自然人；随着社会的发展，出现了法人人格权。任何自然人、法人只要具有民事权利能力，就是人格权的权利主体。

一、自然人

学理上一般认为，民法上的自然人概念，专指有自然生命的人具有权利主体的这一身份。[1]人格权系主体为维护其独立人格而固有的基于自身人格的权利。人格权主要是一种受尊重权，即承认且不侵害人所固有的"尊严"的权利。

自然人是人格权主体，在今天已不容置疑。这同时也反映了现今人们对于自然人观念所蕴含的内在价值理念所取得的共识，诚如《德国民法典》依权利能力概念的界定和表达所赋予的人皆为平等法律主体的价值存在。而人格权表达的是人之为人所固有的，维护人之独立人格的权利。在

---

1 龙卫球. 民法总论[M]. 北京：中国法制出版社，2001：220.

法律层面上，自然人作为法律人格的存在是自然人成为人格权主体的前提所在。

二、法人

关于法人的人格权，历来存在两种不同的观点。

（一）法人人格否定论

否定论认为，人格权是一个历史概念，其保护的是专属于自然人格的那些伦理性要素，不能以同等含义适用于团体人格。[1] 此种观点认为，对法人名称、名誉、信用、商业秘密的侵害，损害的只能是其商业上的利益，对法人人格权的保护实际上是对法人的财产利益的保护。尤其是如果法人享有人格权，允许国家机关以其名称权或者名誉权受侵害为由，对立法机关、行政机关，以及司法机关的批评者提起民事赔偿诉讼，则民众的言论自由必岌岌可危！[2]

（二）法人人格肯定论

肯定论认为，法人享有人格权属于立法技术上的安排，法人人格权是与法人的存在有本质联系的法人的基本利益。这些利益被作为法人正常发挥社会作用的前提条件而得到保障，从而构成法人的人格权。在法人和合伙等领域，是否同样存在人格权，德国法学界存在很大争议。德国联邦法院认为存在所谓的"公司人格权"，然而德国宪法法院对此持有疑义，不过其对公司是否能够享有人格权也并没有做出明确的回答。[3]

1　尹田. 论法人人格权[J]. 法学研究，2004(04)：56.
2　同上.
3　N.LUHMANN.*Soziale Systeme*[M].Suhrkamp Verlag,1984: 220.

三、非法人组织

人格权的权利主体和义务主体为具有民事权利能力的公民和法人。不具有法人资格的合伙、个体工商户和其他组织，是否具有人格权主体的资格，按照《民法通则》第九十九条第二款关于"法人、个体工商户、个人合伙享有名称权。企业法人、个体工商户、个人合伙有权使用、依法转让自己的名称"的规定，个体工商户、个人合伙是名称权的主体，因而是部分人格权的权利主体。

第五节　人格权的分类

人格权的分类，是指根据不同的标准对各种具体的人格权所进行的划分。不同的人格利益来自人的不同的社会性存在所产生的需求，因此，对不同的人格利益的侵害形态也是不同的。民法必须因应这样的差别，对不同的人格利益采取不同的保护方法。

一、一般人格权与具体人格权

一般人格权与具体人格权是两个相对的概念，但是二者又因不同的立法技术要求而并存于同一个法律体系之下。一般人格权，是以民事主体全部人格利益为标的的总括性权利，是有关人格独立、人格自由和人格尊严的抽象的、一般的、概括的权利。一般人格权作为一种具有补充究底性特征的弹性权利，以一般性条款般的存在来对具体人格权进行补充完善，并依照法律规定保护那些没有被具体人格权穷尽列举的其他人格权。

而具体人格权是指由法律具体列举的由公民或法人享有的各项人格权，并且在法律中都能找到与其相关的明文规定，拥有相对健全的保护体系机制和救济措施。通常具体人格权会被分为精神性人格权，如隐私权、名誉权等，和物质性人格权如身体权、健康权、生命权等。一般来说，具体人格权的侵权行为都会通过法律条款来做出具体的明文规定，当一个权利人的具体人格权利益受到不法侵害时，只需依照法律的具体规定来判断操作即可使其权利利益得到保护或救济。

二、物质性人格权和精神性人格权

在具体人格权中，可分为物质性人格权和精神性人格权。

物质性人格权，是指自然人对其生命、身体、健康等物质性人格要素享有的不可转让的支配权。[1] 精神性人格权，是指不以具体的物质性实体为标的，而是以抽象的精神价值为标的的不可转让的人格权。这种分类方法也被大陆法系一些国家的学者所承认。两者的区别主要表现在：

（一）权利主体不同

物质性人格权的主体只能是自然人，因为其负载在自然人的人身之上，与人身的物质载体相依存。精神性人格权的主体则包括自然人和法人。

（二）固有性不同

就物质性人格权而言，其具有强烈的固有性，它在自然人出生之后就自动取得，无须通过人的行为而取得，并且始终与人相伴随，不得转让、抛弃和继承。有学者认为，"专属权利意味着与主体不可分离，而且与特定专属权利不可分离的主体也是特定的，专属权利不得在不同的主体间任意流转"[2]。而精神性人格权虽然具有一定的固有性，但不像物质性人格权的固有性那样凸显。在特殊情况下，某些权能也可以转让，如肖像使用权、

---

1 张俊浩. 民法学原理[M]. 北京：中国政法大学出版社，1997：135.
2 屈茂辉，黄劲. 论人格权法的基本原则[J]. 云南大学学报(法学版)，2003(02)：25.

个人信息的使用权等，因此，许多精神性人格权是可以商品化的，而物质性人格权不能商品化。

（三）物质性人格权是不得克减的基本人权

所谓克减，是指在特殊情况下对权利的限制和减少。根据许多学者的看法，精神性人格权，特别是隐私权，在出现危及国家安全的社会紧急状态时，有权机关可以对其做出适当的克减。

（四）权利客体不同

物质性人格权的客体是生命、身体、健康等人的存在本身所固有的、大多依赖于人的身体的物质性人格利益。而精神性人格权大多是以抽象的精神性价值为客体。

（五）侵害方式和损害后果不同

对物质性人格权的侵害大多采用物理性的人身伤害等方式，其损害后果主要是财产损失和生理上的疼痛等。而针对精神性人格权的侵害的方式多种多样，其损害后果往往不涉及生理上疼痛所对应的精神痛苦。

第六节　人格权的产生与消灭

一、自然人人格权的产生与消灭

（一）自然人人格权的产生

人格权的固有性决定了人格权取得的自动性。人格权关系中的利益大多是民事主体必备的利益,如生命、健康等利益是民事主体必备的利益,是民事主体与生俱来的、终身享有的,否则,民事主体就很难享有人格独立与自由,甚至难以作为主体而存在。[1]

就自然人而言,因出生而取得人格权。何谓出生?出生是一种法律事实,它属于其中的自然事件。根据郑玉波先生的观点,其应具备的要件为"出"与"生",两者缺一不可。"所谓'出'者,乃由母体分离是。所谓'生'者,乃保持其生命而出是(否则谓之死产),至保持命之久暂,亦非所问。"[2]

民法上所说的"出生"应当具备如下条件:第一,必须与母体相分离。自然人的权利能力自出生开始,出生就是脱离母体成为独立的有生命的人。至于采用何种分离的形式,分娩还是手术等则不予考虑。第二,必须活着出生。即使只有片刻的生命也认为有权利能力。在医学上,以有呼吸行为的开始,作为生存的证明。如果出生时是死体的,自然不能认为出生。第三,必须为人所生,是否具备人形也不必考虑。[3]

（二）自然人人格权的消灭

权利能力都随着人的出生而获得,随着人的死亡而丧失。自然人的死亡,包括自然死亡和宣告死亡。这里所言的死亡,仅指自然死亡,不包括宣告死亡。然而在自然人被宣告死亡期间,如果实际上仍然存活,则其享有的人格权并不受死亡宣告的影响。在自然人自然死亡之后,其人格权因人格的消灭而消灭,但其人格利益并不当然随之消灭,还可能产生死者人格利益保护的特殊问题。

---

1 王利明. 人格权法研究[M]. 北京:中国人民大学出版社,2005:63~64.
2 郑玉波. 民法总则[M]. 北京:中国政法大学出版社,2003:68~69.
3 黄立. 民法总则[M]. 北京:中国政法大学出版社,2002:71.

二、法人人格权的产生与消灭

（一）法人人格权的产生

法人人格权的产生与自然人人格权的产生有所区别。法人作为一种社会组织并不享有自然人所享有的物质性人格权，但法人也享有如名称权、名誉权之类的精神性人格权。因此，法人人格权的取得不同于自然人，即其人格权取得并非始于出生，法人人格权的取得一般源于法人的成立。法人必须依据法定程序设立后才能取得人格权，例如，名称权必须依法核准登记后方能取得，未核准登记前，不应受到人格权法的保护。

（二）法人人格权的消灭

法人人格权因法人的终止而丧失。法人进入破产程序之后，在法人被最终终止之前，其人格并未消灭，所以其仍然享有法人人格权。即便法人被吊销营业执照，也只能认为，法人在一定期限内被取消了营业资格，但法人仍然享有名称权等权利。只有法人在清算完毕后被注销，或撤销登记后，其主体资格丧失，法人的名称权才不复存在。如果法人基于破产宣告而消灭，其商誉、商号等法人人格权可能经过破产还债程序，为其他法人取得，从而与特定主体分离。

第二章 人格权法概述

第一节 人格权法的概念和特征

一、人格权法的概念

人格权法分为广义的人格权法和狭义的人格权法。

（一）广义的人格权法

广义上的人格权法是指所有调整人格关系的法律规范的总和。它不限于民法的范畴，包括了宪法、刑法、刑事诉讼法、民法等法律中有关确认和保护公民和法人的人格权的所有的法律规范。广义的人格权法包括《刑法》有关杀人、伤害、强奸、非法拘禁、侮辱、诽谤等犯罪及其刑罚的规定，《刑事诉讼法》关于逮捕公民必须依法进行等方面的规定等。此外，我国《未成年人保护法》《妇女权益保护法》等法律中有关对未成年人、妇女权益保护的规定都属于广义人格权法的范围。

（二）狭义的人格权法

狭义的人格权法是规定人格权的概念、种类、内容和对人格权予以法律保护的民事法律规范的总称。人格权法并不是一个独立的法律部门，而是民法的一个具体组成部分。

狭义的人格权法包括两个部分：一是民法的各个具体部门都有涉及对

人格权的确认和保护，例如，《婚姻法》关于保护妇女、儿童、老人合法权益的规定，关于男女平等的规定，关于保护婚姻自由的规定等；《侵权责任法》中关于保护生命权、健康权等各种人格权的规定，关于侵权责任方式和精神损害赔偿等规定都是我国有关人格权的民事法律规范的组成部分。二是最狭义的人格权法，指民法中专门调整平等主体之间人格关系的人格权法，它仅指作为民法基本内容之一的人格权制度。从这个意义上理解的人格权法是有关对生命、健康、名誉、肖像、隐私等人格利益加以确认并保护的法律制度。

二、人格权法的特征

与民法的其他制度相比较，人格权法是一个新型的法律领域。作为20世纪初特别是第二次世界大战以来形成并发展的一项新型民事法律制度，人格权制度是适应近几十年来社会经济发展的需要和人权意识的发展而产生的。

（一）人格权法具有强制性

由于人格权本身是法定的，故其类型、内容，以及权利的处分、转让等方面都须依照法律的规定，具体来说，包括如下几项：一是民事主体对法律所授予的人格利益，尤其是生命、健康等人格利益不得随意抛弃等。二是人格利益不得继承，但是有关财产利益部分除外。三是除法律另有规定，人格利益不得通过法律行为的方式进行转让，否则，这种转让是无效的。四是人格权的保护方法也具有强制性，例如，关于精神损害赔偿的要件必须符合法律的规定，满足法律规定的条件方可。

（二）人格权法具有多层次的保护和多样的责任方式

人格权的保护涉及多个法律部门，也需要采取多种法律责任来保护，这就显示了人格权保护的多层次性。例如，在美国，隐私权不仅是一项普通法上的权利，而且受到宪法的保护，从而使公民能够有效地对抗政府对隐私权的侵害。[1]事实上，任何一项人格权都有可能借助公法进行保护，单纯依靠民法对其进行保护有可能是不充分的，尤其是生命权、健康权、名誉权和隐私权等。实现对人格权的保护，不仅可以通过权利主体自身自行采用合法措施保护其人格利益，公权力机构也应当采取积极措施保障人格权的实现，例如，对于个人信息权而言，不仅应由民法对其进行详尽而有效的确认和保护，刑法、行政法等其他法律也应给予其有效的规制。此外，还有一些人格权，如人身自由、隐私、个人信息等，很容易受到公权力的侵害，这就需要对公权力的行使主体、职权、程序等进行严格限制，如此才能有效防止公权力对人格权的不当侵害，保障这些人格权的充分实现。

从民法上看，对人格权的保护在责任方式上也具有多样性。现代民法对侵害人格权设定了多种责任方式，如我国《侵权责任法》第十五条规定的停止侵害、排除妨碍、消除危险、恢复名誉、赔礼道歉等责任方式就有助于及时制止侵害、消除侵害人格权的各种损害源，但由于人格权侵害又经常可能给权利人造成精神痛苦，这就有必要对受害人进行精神损害赔偿。此外，侵害人格权也可能会发生财产损害，故也有必要采用财产损害赔偿的责任方式对受害人予以救济。

（三）人格权法具有发展和变化性

人格权法的调整对象和内容体系需要与时俱进，不断发展，以因应社会发展带来的挑战，在民法领域中，人格权法也是最活跃最具有变动性的领域，它要随着社会经济的发展，以及人权保护的加强而不断变化。一方面，现代社会以人的尊严和自由发展为最高价值，人格权法基于立法技术

1　RICHARD G.,TURKINGTON & ANITA,L.ALLEN.*Privacy*[M].2nd ed. West Group,2002;2.

等原因往往可能不会顾及人格权保护的方方面面，这就需要本着民法的人文关怀的理念，对亟须保护的人格利益加以保护。另一方面，虽然高科技、互联网等的发展，也会相应促进人格利益的发展，但其对人格利益的保护也会提出新的挑战，例如，基因技术的发展，就提出了基因隐私的新课题。随着互联网的发展，个人资料保护也变得越来越突出，一些国家甚至产生了信息隐私权。[1]

第二节　人格权法与其他法律的关系

一、人格权法与刑法的关系

刑法是规定犯罪和刑罚的法律，是制裁犯罪，维护社会秩序，保护人民权利的法律。它与人格权法既有联系又有区别。

人格权法是民法的范畴，是民法的组成部分，而不属于刑法的范畴；人格权法是赋权的法律，是规定权利的法律，是宣示权利的法律，并不是制裁的法律，尤其是不属于刑事制裁的法律。在这些方面，人格权法与刑法没有直接的关系。

但是，人格权法与刑法的关系相当密切。这就是，人格权的法律保护离不开刑法的保护。例如刑法的罪刑法定原则、罪行相适应原则、有利于被告人的溯及既往和类推等，刑法分则一些罪名对生命权、健康权、隐私权、名誉权等的保护等，都体现了对人格权的保障。对于侵害人格权，主观恶性很深，对社会造成危害，构成犯罪的行为，必须接受刑罚的制裁，以保护人格权。因此，人格权的保护需要刑法，刑法是人格权法的后盾，是人

1　艾伦，等. 美国隐私法：学说、判例与立法[M]. 北京：中国民主法制出版社，2004：155.

格权的保护法。

二、人格权法与行政法的关系

行政法是规定国家行政机构的组织及其管理活动的法律规范的总和，它与以调整平等主体之间的财产关系和人身关系为任务的民法及其人格权法，既有密切联系，又有显著区别。

行政法是国家基本法，具有独立的法律地位，与刑法、民法处于相同的地位。而人格权法只是民法的组成部分，没有独立的法律地位。行政法调整的是国家的行政管理行为，调整的是纵向的关系。人格权法与民法一样，调整的是平等主体之间的人格关系，调整的是横向的关系。行政法确定的行政责任是惩罚性的责任，行为人承担的责任是对国家承担的责任，例如罚款，应当上缴国家，而不能归个人所有。人格权法仅仅是赋权的法律，是权利宣示的法律，不具有行政法的这些内容。

第三节　人格权法的基本原则

一、具体权利法定主义原则

具体权利法定主义是指对人格权的具体种类、内容、保护方法等都以立法予以确认，以便在对人格权实施法律保护时提供明确的法律依据。

从理论上讲，与民事主体的人格关系相联系的权利都是人格权的内容，这样的话，人格权的内容就会非常宽泛。但纵观当今世界，各国、各地区的法律对人格权的法律保护都不是没有限制的，对民事主体的具体人格权都是以立法的形式加以确立，并随着社会文明的进步与发展而不断予以完善。换言之，具体人格权均采用法定主义，其种类、内容等都由法律规定，不允许当事人自由创设。[1]

二、自动取得原则

自动取得原则是指人格权是基于民事主体人格关系而存在的，并且是在自然人出生或其他民事主体产生时就自动取得，无须进行申请。[2]

人格权法的自动取得原则是由人格权对民事主体的固有性所决定的。人格权的法律特征之一，就在于其是民事主体的固有权利。自然人、法人，在其具有民事主体资格时，同时自动取得相应的人格权。自然人的人格权始于出生，终于死亡，法人的人格权始于成立，终于法人消灭。而其他的民事基本权利，如所有权、债权、知识产权、继承权，都不是民事主体产生即享有，而是依据一定的民事法律行为或者依据一定的法律事实才取得的权利。例如，所有权的取得，主要是通过生产、收取孳息、没收、添附、接受赠予、继承等方式，债权的发生根据，则有订立合同、不当得利、无因管理、侵权行为等，知识产权的取得，是由于作品的完成、申请专利、注册商标、接受权利的转让等法律行为。[3]继承权的取得虽然也始于出生，但继承权人因出生所获得的权利，实质上带有身份权的性质，而继承权中财产权利的真正实现，也必须待一定的法律事实的发生。因而，人格权的自动取得，首先就表现在与民事主体的存续在时间上的同期性。

三、权利相容原则

权利相容原则，是指一个民事主体可以同时享有多种人格权，享有其中的一项权利不会导致其他权利的丧失，不同种类的人格权之间并不相互排斥。例如，一个自然人可以同时拥有生命健康权、姓名权、名誉权、荣

---

1 刘定华，屈茂辉. 民法学[M]. 长沙：湖南人民出版社，2001：214.
2 同上.
3 郑立，王作堂. 民法学[M]. 2版. 北京：北京大学出版社，1994：172，239，426，452，462.

誉权等人格权。不过，在每一种人格利益上只能存在一种人格权，而不能存在两种以上的人格权。[1]

与自动取得原则一样，人格权的权利相容原则也是由人格权对权利主体的固有性所决定的。人格权的固有性意味着人格权是民事主体与生俱来（包括出生、成立）的权利。在民事主体资格取得之时，每一种具体的人格权也应由法律同时赋予。不同的具体人格权之间可以和平共处，不会发生冲突。公民享有肖像权绝不会妨碍其同时享有婚姻自主权，法人享有的名称权、名誉权等也互不抵触。事实上，民事主体完备地享有各项具体人格权正是其主体资格完整的内在要求。另一方面，人格权与民事主体的不可分离性也要求各项具体人格权兼容并处。"生命、健康、身体是民事主体的人身内容，姓名、名称、肖像是民事主体的标志，名誉、荣誉、信用是民事主体进行各种活动的基本条件。"[2]

第四节　人格权法的渊源

我国人格权法的渊源是指人格权法律规范借以表现的形式，它主要表现在各国家机关在其权限范围内制定的各种法律文件之中。人格权法的法律渊源主要由以下几部分组成。

一、宪法渊源

宪法渊源是人格权法的最高指导原则。《宪法》是国家的根本大法，具有最高的法律效力。《宪法》关于人格权的规定，关于保护人格尊严和

---

1 刘定华，屈茂辉．民法学[M]．湖南：湖南人民出版社，2001：215．
2 佟柔．中国民法[M]．北京：法律出版社，1990：478．

人身自由的规定，都是我国人格权法的渊源。一方面，宪法的规定是我国民法人格权制度立法的根据和遵循的原则。我国民法关于人格权的确认和保护的规定，也是宪法上述规定的具体化。所以，它和宪法的规定应视为不可分割的整体。另一方面，宪法关于保护公民人身自由和人格尊严的规定，是民法的人格权制度的立法基础。

我国《宪法》规定：公民的人格尊严不受侵犯，禁止用任何方法对公民进行侮辱、诽谤和诬告陷害；公民的人身自由不受侵犯，禁止非法搜查公民的身体；公民的住宅不受侵犯，禁止非法搜查他人住宅或者非法侵入他人住宅；公民的通信自由和通信秘密受法律保护，隐匿、毁弃和非法开拆他人信件的，一经发现要严肃处理，情节严重的将受到法律制裁。

二、民法渊源

民法中有关人格权的规范是我国人格权法的主要渊源。在我国，《民法通则》《民法总则》是我国民法的基本形式，因此，也是人格权法的基本渊源。

我国《民法通则》《民法总则》都单独设立"民事权利"一章，并且在《民法通则》的"民事权利"这一章专列"人身权"一节，在"民事责任"一章中又有专门保护人身权的条文。《民法通则》以相当的篇幅和条款对人身权利做了较为系统、集中的规定，突出表明了人身权与财产所有权及相关财产权、债权、知识产权等一样，是民事主体享有的基本民事权利。这在国内外民事立法上都是一大突破。我国《民法通则》《民法总则》采取具体列举式的方式规定了主体所享有的各项具体人格权，同时《民法通则》也从反面规定了侵害权利的行为和对这些行为的禁止，并在民事责任中规定了侵权行为人应承担的责任。这不仅明确了权利人应享有的权利，而且明确了义务人应负有的义务。这就表明人格权不仅仅具有消极的防御性的内容，而且具有积极性的内容。例如，《民法通则》第九十八条规定了生命健康权，即公民有权依法就自己的生命健康享有人格利益，第一百一十九条规定了侵害公民生命健康的民事责任。从立法技术上看，此种规定方法不仅从正面宣示了公民所享有的人格权和对侵害人格权的禁止，同时从反面规定了侵害人格权的责任，从而衔接了人格权法与侵权法之间的关系。

三、其他法律渊源

人格权法的其他法律渊源是指单行民事、经济、行政法律和行政法规中有关人格权的法律规范。在这些法律渊源中，一是单行法律，如《残疾人保护法》《未成年人保护法》《妇女权益保障法》《消费者权益保护法》《老年人保护法》等专门规定保护民事主体权利，特别是人格权的法律；二是其他法律中有关人格权保护的法律规范，《反不正当竞争法》《产品质量法》和《道路交通安全法》等都规定了若干人格权法的规范。三是其他法规中的人格权法规范，在国务院制定的行政法规中，这样的人格权法规范大量存在。这些其他法律法规中关于人格权法的规定，极大地丰富了我国人格权法的具体内容，并成为我国人格权法的重要组成部分。

四、司法解释渊源

最高人民法院就审理人格权案件时如何运用法律做出具体解释，这些解释极大地丰富了我国人格权法的内容。

如最高人民法院《关于贯彻执行〈中华人民共和国民法通则〉若干问题的意见（试行）》（以下简称《民法通则实施意见》）中就有 6 个条文直接是对《民法通则》有关人格权规定的解释。这些解释不仅较为准确地阐释了法律的具体内容，同时通过解释也创制了法律规则，弥补了立法的不足。最高人民法院于 2001 年 3 月 8 日公布了《关于确定民事侵权精神损害赔偿责任若干问题的解释》，于 2003 年 12 月 4 日公布了《关于审理人身损害赔偿案件适用法律若干问题的解释》，系统总结了司法实践中在认定精神损害赔偿责任、人身损害赔偿责任方面的经验，极大地补充和完善了我国人格权法律制度。这些人格权法的司法解释，对于补充我国人格权法立法不足、纠正存在的问题、协调法律之间存在的冲突等，具有重要的意义。

五、国际法渊源

人格权法具有国际化的趋势，目前我国已经加入了一些有关人权的公约，例如，我国已于 1998 年签署了《公民权利和政治权利国际公约》，其中有关公民人格权的规定也可以成为我国人格权法的渊源。

六、习惯的法律渊源

《民法总则》第十条规定："处理民事纠纷，应当依照法律；法律没有规定的，可以适用习惯，但是不得违背公序良俗。"从第十条可以看出，《民法总则》在法律的渊源上，明确了习惯对法律的补充作用。法官在对民事纠纷进行裁判时，常常面临着没有法律依据可循的情况，因而，在法律上承认习惯的法律渊源地位对于缓解这种司法尴尬局面具有重要意义。

第五节　人格权法的功能

所谓人格权法的功能，是指人格权法在社会生活中所发挥的具体作用。人格权法应当具备以下几个基本功能。

一、确认功能

确认功能也就是创设功能。人格权之所以需要法律确认，是因为通过确认才能宣示各种权利，形成法律保护的利益，明确各权利的边界，明确相对人行为的界限，甚至可以界定政府和公民之间的相互关系。法定的权利确定了人们的行为自由，也为政府的依法行政确定了边界。尤其是通过法律明确对人格权的限制为人们正确地行使人格权提供了依据。欧洲著名学者兰道指出，完美的法典就是对公民的权利、义务和责任的合理安排，只有这样才能保障法律的确定性和可预见性。而之所以通过人格权法确认公民的各种人格权，也是保障法律确定性和可预见性的需要。

确认人格权是民法特有的功能。既然人格是由民法所确认的，那么人格权也必须受到民法的确认。在古代法中，人格权就已受到刑法的保护，但并不能形成人格权制度。只有在生命、健康、自由、名誉等人格利益受到民法的确认和保护以后，才开始产生民法的人格权制度。而刑法虽然可以切实保护人格权，但依刑法的性质却不能确认人格权，所以只有在民法中才能具体确认各项人格权。而民法主要是通过正面规定，确认公民、法人享有人格权的内容，并通过追究侵权行为人的民事责任来保障权利的实现。在我国已形成的对人格权的多层次、多方面的法律保护体系中，民法对人格权的保护是其他任何法律部门所不能代替的。

人格权制度确定主体的行为自由和行为标准。人格权法确认主体享有的人格权，并保护和鼓励正当行使权利的行为，从而为主体人格独立和行为自由提供了法律保障。人格权制度要求个人充分尊重他人的人格尊严、人身自由，政府机构在行使其行政权、新闻记者在行使其言论自由权、作家在享有其创作自由权利的时候，应当充分尊重他人的姓名权、名誉权、隐私权等权利，这就为行使权利提供了正当行为的标准。同时，我国人格权法对侵害人格权的行为予以制裁，意味着法律对漠视社会利益和他人人格权的行为予以谴责和惩戒，也是法律为矫正不法行为而采取的重要措施。

尤其应当看到，对人格权的确认，是维护人的尊严、价值和充分维护公民的基本人权的具体体现，同时也赋予个人一种同一切"轻视人、蔑视人、使人不成其为人"的违法行为做斗争的武器。民法采取列举的方式确认公民和法人享有的各项人格权，有助于使主体明确认识到自身所享有的人格权，使其能够主动地行使并捍卫自身的人格权，同时也能够充分尊重他人的人格权。这就能形成良好的人际关系，并将为建立社会主义民主政治、形成和谐稳定的社会秩序奠定基础。

二、保护功能

所谓保护功能就是指，人格权法在权利人的人格权受到侵害后提供充分的救济手段。事实上，我国宪法、刑法、行政法、民法等部门法都从不同的角度、采取不同的方式对公民和法人的人格权予以保护。我国宪法确认了人格权及其保护的一般原则，并为各部门法的立法提供了依据。刑法、行政法是通过追究人格权侵害人的刑事责任和行政责任的方式来保护受害人的人格权的。民法是采用其独有的方法来对人格权进行保护的，它是其他的法律部门的保护所不可替代的。

人格权法对人格权的充分保护主要体现在如下几方面。一是对公民、法人的人格权实行平等的保护，不因某一主体在财产、智力、能力等方面的差异而在对其人格权的保护上有所不同。二是明确禁止侵害公民、法人的各项人格权。凡是侵害公民、法人的人格权的行为，如构成侵权行为，则行为人应承担侵权行为责任。即使在侵权行为人因行为违反刑法或行政法而承担刑事责任或行政责任后，也不能因此而免除其应承担的民事责任。三是我国人格权法强调在受害人的权利受到侵害后对其权利予以补救，要求通过恢复名誉、消除影响等办法恢复其遭受侵害的权利。尤其是我国人格权法强调精神损害赔偿，允许受害人在其权利遭受侵害并造成精神痛苦的情况下，有权请求加害人赔偿其精神损失。由此可见，我国人格权法对人格权的保护，其保护方式是独特的，保护的范围是充分和完整的。

民法对人格权的充分保护具有如下作用。

（一）对于维护个人的尊严和价值，保障个人基本人权具有极为重要的作用

民法对人身自由和人格尊严的保护，确认了个人的共同价值，并能鼓励个人以自由的意志支配自己的人身活动，自主地从事各项正当的社会交往。民法对姓名、肖像、名誉、隐私等人格利益的保护，不仅有助于保护主体的人身专有标志和个人生活的安全，而且对维护个人的尊严、培育个人的独立性具有重要的意义。民法要求在侵害人格权致受害人有精神损害时，加害人应负精神损害的赔偿责任。这也有助于维护个人精神活动的安全与自由。所以，对人格权的保护是实现人格、保障人权的基本途径。

（二）充分保护人格权，有利于建设、形成和谐稳定的社会，促进个人的全面发展

我国民法确认独立的人格权，要求公民时刻注意到自身的地位和价值，尊重并维护他人的尊严、价值和独特的生活方式及秘密，要求公民通过自己的独立自主的活动来充分实现自身的价值。这就促使人们在法律的允许下探寻、选择最符合自身本性和意趣的生活方式，充分感受到人生的意义和自我存在，使人们能够摆脱小农经济基础上产生的因循守旧、不思奋进、但求安稳的观念及庸俗的关系学和人身依附的束缚，增强人格独立观念，发挥大胆首创精神，在社会生活中勇于探索、勇于创新，培养良好的、高尚的人格。[1]还要看到，由于民法的人格权制度要求个人尊重他人的人格尊严、人身自由，政府机构在行使其行政权、新闻记者在行使其言论自由权、作家在享有其创造作品的权利的时候，应当充分尊重他人的人格权。这样，人格权制度便构造了一种权利制衡结构，为发展个人之间的和睦关系、协调个人利益之间及个人利益与社会利益之间的冲突提供了条件，尤其是对

---

1 杨立新．"中国民法典·人格权编"草案建议稿的说明[M]//王利明．中国民法典草案建议稿及说明．北京：中国法制出版社，2004：324．

于权利意识、人权意识的培育将起到重要的作用。实践证明，培育权利意识正是建立社会主义民主政治，形成和谐稳定的社会秩序所必需的。

（三）充分保护人格权有利于维护社会主义市场经济秩序

财产权和人身权是民法中的两大基本权利，对这些权利的充分保护本身构成了交易的秩序。法律本身不能创造社会财富，但能有效地刺激和激励人们创造社会财富。人格权法通过保护其国家成员的生命、肢体完整、财产交易、家庭关系甚至生计与健康，使人与人无须为防止对他们隐私的侵犯而建立隐私制度。它通过创设有利于发展人们智力和精神力量的有序条件而促进人格的发展与成熟。这就可以充分发挥个人创造社会财富的内在潜力，一旦全社会普遍形成独立人格意识，必将为市场经济的发展奠定良好的基础，促使人们合理地利用资源，最大限度地提高资源的使用效率，从而促进社会主义市场经济的发展。

三、平衡功能

平衡是指为法官提供一定的自由裁量权，通过确定一系列的标准和规则来填补法律漏洞，合理地解决纠纷。人格权法中的平衡功能主要体现在：第一，协调人格权相互之间及与其他权利之间的冲突。我国民法对人格权的保护，不是个人意义的产物，而是维护社会利益的需要。法律的价值是多元的，社会秩序和个人权利之间、社会利益和个人利益之间总会形成各种摩擦，法律则需要平衡各种利益冲突，协调好人格权相互之间及与言论自由、舆论监督、知情权等的冲突。第二，确定人格权行使的正确标准。例如，个人的人格权应与其负有的社会责任协调一致，个人行使权利时需要忍受来自他人的轻微的妨害。第三，解决人格权与社会公共利益和公共道德之间的关系。我国人格权法对人格权的行使做出适当的限制，这对维护社会秩序和社会公共利益十分必要。第四，在确定精神损害赔偿数额时，要协调好精神损害赔偿的抚慰、补偿等方面的功能，综合考虑各方面的因素，从而合理地确定赔偿数额。

第六节　人格权法在我国民法中的地位

一、《民法通则》确定人格权法的相对独立地位

我国立法者在起草民法的时候，一直在努力寻求人格权法在民法典中的相对独立地位的立法途径。在 1982 年 5 月 1 日完成的《中华人民共和国民法草案》（第四稿）中，首先在"民事主体"一编的第十六条第二款规定了自然人的人格权："公民的生命健康权、人身自由权、姓名权、名誉权、荣誉权、肖像权、著作权、发现权、发明权和其他人格权利，受法律保护。"在第四十一条第一款规定了法人的人格权："法人的合法财产权益，以及法人的名称、名誉、荣誉、著作、发现、发明和商标等权利，受法律保护。"在第四百三十一条第二款还规定了法人的信用权。这种立法体例，虽然还没有实现将人格权作为民法独立组成部分的愿望，但是，这些条文草案所概括的内容，已经突破了国外人格权法立法的传统内容和方式，向前迈进了一步。

在制定《民法通则》的时候，在人格权的立法上实现了寻求独立地位的愿望。《民法通则》第五章"民事权利"分为四个部分，分别规定物权、债权、知识产权和人格权，由此构成我国民事权利的基本结构，也为今后制定民法典的具体格局，打下了基础。

在制定民法典的过程中，学者和立法机关一起努力，争取按照《民法通则》开创的新的人格权法立法模式，制定出具有我国特色的、有进步意义的人格权法。在民法典草案中，人格权法已经作为单独的一编，写在其中。

目前的任务是，进一步努力实现人格权立法相对独立性，以更好地保护人格权的设想。

二、我国人格权法在民法中相对独立地位的表现

人格权法是我国民事立法独立的组成部分，主要表现在以下几方面。

（一）人格权法摆脱了依附于人法或依附于侵权行为法的附属地位

人格权虽然是极为重要的民事权利，但在传统民法中，对人格权的规定极其简要。尽管立法者认为人格权的存在是不言而喻的问题，但只将其规定在民法的其他部分中，成为这些部分的依附成分，显然与人格权的重要法律地位不相称。《民法通则》将人格权立法，彻底摆脱对人法和侵权法的依附性，从而改变了传统民法中人格权的附属地位，使其具有了独立的法律地位。

（二）人格权法并列于物权法、债权法和知识产权法而获独立地位

近代民法均以民事权利的种类来解构民法典分则，一般分为物权法、债权法、亲属法和继承法。《民法通则》虽然没有这样来编纂其分则体系，而只是在"民事权利"一章中将物权、债权和知识产权与人格权并列编排，但这种做法已经体现了人格权法的独立地位，也为将来民法典的编纂设计出了蓝图。在制定民法典时，人格权法就将成为新中国民法典的独立组成部分，民法典分则中将单独设立人格权法一编。

（三）《民法总则》将调整对象中的"人身关系"置于"财产关系"之前，同时在民事权利部分，开门见山地规定了一般人格权与具体人格权，似乎体现了人文主义关怀，但对于人格权的规定未免过于简略

事实上，随着社会和科技的发展，人格权的保护越来越复杂，不仅关

乎传统的生命、健康、隐私的保护，甚至牵涉更多问题，例如代孕、器官移植、人工授精、安乐死等。因此，《民法总则》对于人格权的宣示性规定，缺乏可操作性。所以，在制定民法典时，应当将人格权法单独设为一编，丰富、完善人格权法的内容。

第三章　一般人格权

第一节　一般人格权的概念与起源

一、一般人格权的概念

一般人格权是相对于具体人格权来说的，在人格日益受到重视的今天，一般人格权也开始得到学界的普遍重视。

基尔克是德国最早提出一般人格权概念的人，其认为一般人格权是一种统一的基本权利，是人身权和物权等绝对权力的基础，是一种人格关系。而拉伦茨在其著的《德国民法通论（上）》中提到，"一般人格权是指受尊重的权利、直接言论不受侵犯的权利，以及不容他人干预其私生活和隐私的权利"。由此我们可以看出，在德国法中，一般人格权通常被认为是一个统一的、普遍的权利类型，其客体所指向的是姓名、肖像等抽象的人格利益，各种具体的人格利益不过是一般人格权的具体展开。

对于人格权的概念，我国学者们也给出了自己的观点。梁慧星教授认为："人格权有一般人格权与特别人格权之分。一般人格权，指关于人之存在价值及尊严之权利，其标的包括生命、身体、健康、名誉、自由、姓名、贞操、肖像、隐私等全部人格利益。因此，一般人格权是以主体全部人格利益为标的的总括性权利。且一般人格权也是一种具有发展性、开发性的权利,随着人类文化及社会经济之发展,其范围不断扩大,内容亦愈丰富。"[1]台湾学者王泽鉴认为,一般人格权是相对于具体人格权而言的,是指法律采用高度概括的方式赋予公民和法人享有的具有权利集合性特点的人格权,是关于人的存在价值及尊严的权利。一般人格权经具体化而形成各种特别人格权,民法明定的应有姓名、生命、身体、健康、名誉、自由。[2]王利明教授认为,人格权法中所说的一般人格权,是对人格权的概括性的规定,是一种"兜底"性或弹性的权利。一般人格权并非人格关系,也不等同于主体的人格,更不是超乎所有民事权利之上的抽象权利,它只是相对于具体人格权而言,概括人格尊严、人格自由和人格平等的完整内容的一般人格利益。[3]杨立新教授也对一般人格权提出了自己的看法,他认为,一般人格权是指民事主体享有的,概括人格独立、人格自由、人格尊严全部内容的一般人格利益,并由此产生和规定具体人格权的基本权利。[4]

二、一般人格权的起源

一般人格权从何起源? 有学者认为是瑞士,并指出瑞士早在 1907 年的《瑞士民法典》和 1911 年的《瑞士新债法典》中就确立了现代意义上的一般人格权制度。当然也有学者认为,一般人格权起源于德国,是德国在 20 世纪 40 年代以后通过一系列的判例确立起来的。倘若仅从时间上看,德国显然要比瑞士晚几十年,这样一般人格权的起源问题就毫无争议了,但该问题真的如此简单吗?

学界普遍认为,一般人格权的形成是在德国或者瑞士,然而在关于一般人格权的起源问题上,有学者通过考察德国和瑞士的情况后,认为德国和瑞士尽管都存在一般人格权制度,但两者实质上有着很大的区别:德国

1 梁慧星. 民法总论[M]. 北京:法律出版社,1996:105.
2 王泽鉴. 民法总则[M]. 北京:中国政法大学出版社,2001:126.
3 王利明. 人格权法研究[M]. 北京:中国人民大学出版社,2005:160.
4 杨立新. 人身权法论[M]. 北京:人民法院出版社,2006:354.

是一元论的一般人格权，认为人格权是只有一个统一的、以整体的人格利益为客体的，那些具体的人格要素，比如姓名、肖像、名誉等仅构成这个具有统一性的人格权的一方面，故而，也处于这个统一人格权的涵盖之下；而瑞士是多元论的一般人格权，认为关于人格权问题根本不存在一个以统一的、整体的人格利益为客体的，存在的只是一系列的具体的人格权，这一系列的人格权保护的是特定的、具体的人格利益，不同的人格权存在的基础正是由这些作为客体的人格利益的不同构成的。一个统一的"一般人格权"之所以在德国法典上存在着，并且想方设法把它界定为《德国民法典》第八百二十三条第一款所规定的"其他权利"，这在很大程度上是由德国封闭的典型化侵权行为体制所造成的。而瑞士的一般人格权制度则规定了人格权在立法层面上的一般性原则，并且在其后的条文中规定了各种具体人格权，以此构成了瑞士的多元式的一般人格权。

第二节　一般人格权的内容

一、人格独立

人格独立是一般人格权的基本内容之一。民事主体对人格的独立享有，表现为民事主体在人格上一律平等，在法律面前，任何民事主体都享有平等的主体资格，享有独立人格，不受他人的支配、干涉和控制是人格独立的实质内容。人格独立表明人人都有平等的权利，人人都有保护个人人格的权利，人人都有捍卫个人独立性的权利。具体包括：民事主体的人格不受他人支配，民事主体的人格不受他人干涉，民事主体的人格不受他人控制。

二、人格自由

人格自由是一般人格权基本内容的另一方面。一般人格权中的人格自由是私法上的抽象自由，是经过高度概括、高度抽象的人格不受约束、不受控制的状态，它既不是公法上的自由，也不是私法上的具体自由权。它既是指身体和精神自由，也是指人格的自由地位、自由权利，是权利人享有一切具体人格自由权，自主参加社会活动、享有权利、行使权利的基础和根源。人格自由作为一般人格权的内容，包括两方面：保持人格的自由，发展人格的自由。在某些方面，权利主体享有充分的自由来发展和完善自己的人格。但是，若权利主体丧失人格自由，就无法行使任何权利、从事任何社会活动。

三、人格尊严

人格尊严是一般人格权的基本内容的另一项，也是一般人格权三大利益中最重要的利益。人格尊严是人作为社会关系主体的一项基本前提，它指民事主体作为一个"人"所应有的最起码的社会地位，并且应受到社会和他人最起码的尊重。因此，人在社会生活中生存，不仅要活着，更要有尊严地活着。不管自然人的职业、职务、政治立场、宗教信仰、文化程度、财产状况、民族、种族、性别有何差别，其人格尊严都是相同、平等的，绝无高低贵贱之分。

人格独立是人的客观地位，人格自由是人的主观状态，而人格尊严则是人的主观认识和客观评价的结合，它不仅是一种人的观念，而且具有客观的因素。其具体表现为：第一，人格尊严是人的主观认识和客观评价的结合。它既包括自我认识的主观因素，也包括社会和他人的客观评价和尊重。这两种因素结合在一起，才构成完善的人格尊严。第二，人格尊严是人的一种观念，是自然人、法人对自身价值的认知。这种认知以自己的社会地位和自身价值为基础，以自身的本质属性为来源，并以自己的观念认识为表现。因此，人格尊严具有主观因素。第三，人格尊严具有客观因素。这种客观因素是他人、社会对特定民事主体作为人的尊重。这种客观因素与名誉这种社会评价不同，是一种对人的价值的评价，是对人最起码的做人资格的评价，评价的内容不是褒贬，而是对人最起码的尊重，是把人真正作为一个人所应具有的尊重。因此不管人的各种状况、状态有何不同，对其尊严的评价并无任何不同。

第三节　一般人格权的法律特征与功能

一、一般人格权的法律特征

一般人格权的产生是人格权法发展的重要标志。一般人格权相较于具体人格权而言，具有以下法律特征。

（一）主体的普遍性

一般人格权是所有自然人所普遍、平等享有的权利。不分性别、年龄、阶级、种族、地域、政治立场和宗教信仰，凡是社会成员均享有这一权利。人作为社会主体，从出生到死亡无条件地享有一般人格权，这是人与生俱来的、伴随始终的权利，任何他人乃至国家无正当理由不得非法侵犯和剥夺，所以一般人格权是人的基本权利。确认每个社会成员普遍享有一般人格权，保障其人格独立、人格平等、人格自由和人格尊严，这是现代文明社会和法治国家的基本要求。

需要关注的是，一般人格权主体的普遍性是指自然人普遍、平等地享有一般人格权。法人是否也享有一般人格权，在理论上存在争议。有学者认为，不仅自然人享有一般人格权，法人也享有一般人格权，因为法人和自然人一样，也有独立的人格。[1]我们认为，这种观点是值得商榷的。有学者认为："法人的权利能力充其量不过是部分权利能力，即具有财产法上的能力，与此相联系也有参与法律交易的能力。"[2]在德国，民法学者梅迪库斯还进一步指出，《基本法》第一条第一款、第二条第一款第一句、第三条第二款、第四条第三款、第六条等所规定的权利，绝对不适用于法人的基本权利。[3]因此，法人不享有一般人格权。

（二）客体的概括性

一般人格权的客体是一般人格要素，即与人格的独立、平等、自由和尊严有关的一切人格要素的概括。正如卡尔·拉伦茨所说："一般人格权是受尊重的权利，直接言论（如口头和书面言论）不受侵犯的权利，以及不容他人干预其私生活和隐私的权利。然而这里没有一个明确且无可争议的界限，划界也几乎是不可能的。"[4]德国民法认为，一般人格权的主要问题在于它的不确定性，并将一般人格权称为"框架权利"。[5]因此，此种权利的具体内容并不明确，可以包括各种人格权益，即与人格的独立、平等、自由和尊严有关的一切人格权益。

一般人格权的客体是一般人格要素，而具体人格权的客体是确定的、具体的、特殊的人格要素。具体的人格要素被涵盖在一般人格要素之中，也就是任何一种人格权客体都被一般人格要素所涵盖，仅仅一些具体的人格要素被法律确定后上升为具体的人格权，所以具体人格权已成为独立的权利类型，就不应该包括在一般人格权的内容中。

---

1 杨立新. 人身权法论[M]. 北京：人民法院出版社，2002：384.
2 拉伦茨. 德国民法通论(上册)[M]. 王晓晔，等译. 北京：法律出版社，2003：182.
3 同上.
4 同2：71.
5 梅迪库斯. 德国民法总论[M]. 邵建东，译. 北京：法律出版社，2000：807～808.

一般人格权概括了具体人格权，而具体人格权又丰富了一般人格权的内容。一般人格权是具体人格权的上位概念，是具体人格权的母权，由此产生并规定新型的具体人格权。

（三）权利内容的广泛性

王利明教授认为一般人格权的范围是很广泛的，因为一般人格权的内容是很难列举的，尤其是一般人格权不仅包括现行法规定的各种具体的人格权利，还包括了尚未为法律所确定的各种应受法律保护的具体的人格利益。[1]我国台湾学者施启扬也认为，法官的任务只能是依有关价值观念将一般人格权具体化并确定其界限，因为人格的本质不易明确划分界限，一般人格权作为概括性权利，在内容上是不易完全确定的。[2]

我国学界通过对德国及其他国家立法、司法实践及其理论的总结，将一般人格权的内容概括为人格独立、人格自由、人格尊严，但这只是在学理上的抽象概括，因为一般人格权的内容是不可能列举穷尽的，具体人格权所包含的内容和所不能包含的人格利益都包含在一般人格权之中。"它不仅是具体人格权的集合，而且为补充和完善具体人格权立法不足提供切实可靠的法律依据。人们在自己不能为具体人格权所涵括的人格利益遭受损害时，可依据一般人格权的法律规定，寻求法律上的救济。"[3]

（四）一般人格权具有专属性

一般人格权与权利主体的人身密不可分，是每个人固有的和专属的基本权利。这一权利是人与生俱来、相伴终生的，它只能由权利人自己行使，而不能够转让或者抛弃，更是不可被剥夺的权利。它因自然人出生与法人

1　王利明. 人格权法研究[M]. 北京：中国人民大学出版社，2005：101.
2　施启扬. 从个别人格权利到一般人格权利[J]. 台湾大学法学论丛（第4卷），（1）.
3　杨立新. 人身权法论[M]. 北京：人民法院出版社，2006：355.

成立而当然取得并受到法律的保护，无须任何意思表示或特别授权。

（五）一般人格权具有基础性

一般人格权是每个人应当享有的基本权利。每个人都应平等地享有一般人格权，无论其性别、年龄、种族、宗教信仰、社会地位等。作为人基本权利的一般人格权，它是具体人格权的基础，决定和派生着各种具体人格权。因此，从个人权利角度来讲它是基本权利，从具体人格权角度来讲，它是基础性权利。并且，它是民事主体进行民事活动的前提，若人不具有一般人格权，则民事主体的人身权益就无法得到保障，进而也就丧失了开展民事活动的基础。

以上各法律特征是相互关联、相互渗透的，而非截然分开的。以上是出于理论上论述的需要，大致进行的分类总结。其实，一般人格权的所有法律特征均贯穿于一般人格权的基本概念和基本的价值理念之中。

二、一般人格权的功能

《民法总则》之所以规定一般人格权，在于一般人格权所具有的重要功能。

（一）解释功能

基于一般人格权的高度概括性和抽象性，使其成为具体人格权的母权，成为对各项具体人格权具有指导意义的基本权利，决定各项具体人格权的基本性质、具体内容，以及与其他具体人格权的区分界限。因此，一般人格权对具体人格权而言，具有解释的功能。所以在对具体人格权进行解释的时候，应当以一般人格权的基本原理和基本特征为标准，对有悖于一般人格权基本原理和规则的解释，均属无效。

（二）创设功能

一般人格权是具体人格权的渊源。人格权是一个不断发展的概念，其发展经过了一个由具体人格权到一般人格权，再由一般人格权到新型具体人格权的过程。人格权益无法列举穷尽，人格权的内容和范围也无法确定。民法上早期确认的人格权只有姓名权、名誉权、肖像权等几类具体人格权。但随着社会文明的进步，人们对自身权利越来越重视，当具体人格权不足以保护人的全部人格利益时，需要设定一个抽象的、概括性的一般条款，一般人格权便应运而生，这样可以使法官进行"利益权衡"，保护一般人格利益。

权利创设功能，实际上就是指一般人格权制度为生成新的具体人格权提供了前提条件或温床，可以使某些具体人格利益先依一般人格权受到保护，成熟之后再提升为具体人格权。当法官用一般人格权的基本理念保护人们一般人格利益时，一些人格利益上升为具体的权利，便由一般人格权产生了新型的具体人格权，这就是一般人格权的创设功能。

（三）补充功能

成文法对具体人格权的规定采用类型化的列举式规定，但是成文法对具体人格权的列举是有限的，总不能在某种人格利益侵害发生之后，就设定一个新的权利。换句话说就是，具体人格权的类型化，是无法穷尽各种人格权类型的，更无法保护所有的人格利益，具体列举人格权方式是有局限的。而一般人格权制度恰恰解决了具体人格权类型化的不周延性。

一般人格权也是一种弹性的权利，具有高度的包容性，既可以概括现有的具体人格权，又可以创造新的人格权，还可以对尚未被具体人格权确认保护的其他人格利益发挥其补充的功能，将这些人格利益概括在一般人格利益之中，以一般人格权进行法律保护。因此一般人格权具有补充功能，补充着具体人格权制度。

因为一般人格权具有一般条款的性质，且一般人格权相对具体人格权而言旨在保护尚未被具体人格权确定和保护的其他人格利益，所以在法律适用上首先应当适用具体人格权。如果当这些没有被具体人格权所概括的人格利益受到侵害，不能适用具体人格权时，才可依侵害一般人格权确认其为侵权行为，追究行为人的侵权责任，救济人格利益损害，这就防止和避免法官向"一般条款逃逸"。

（四）利益平衡功能

在德国法中，一般人格权具有平衡言论自由、行为自由与人格利益保护的功能。在侵犯一般人格权的案件中，德国法院认为不法性必须依靠利益衡量的方法建立在个案判断的基础上。因此，在传媒侵犯一般人格权的情况下，如果基本法第五条保障的新闻自由在利益衡量上超过了个人的一般人格权，那么该行为不被认为是违法的。一般人格权本身是一种弹性权利，具有高度的概括和抽象性，使法官享有较大的裁量权，会在一定程度上造成法律的不确定性，但有助于法官解决案件中的利益冲突。

第四节　一般人格权的适用

一般人格权是一种高度概括的权利，其适用应当受到一定的限制。因为一般人格权的规定是弹性较大的条款，具有很强的包容性，适用一般人格权会使法官享有很大的裁量权。如果不对一般人格权的适用进行限制，就会使得那些不应受到人格权保护的利益受到一般人格权的保护，并无限制地扩张精神损害的范围，造成法律的不确定性。所以一般人格权的适用应当具有严格的条件限制。此种限制主要包括：

一、在不能适用具体人格权时，一般人格权才有适用余地

一般人格权只是具体人格权的补充规定，如果具体人格权有适用余地，则不必适用一般人格权；我们借鉴德国法上一般人格权的概念，必须注意到这样的事实，即《德国民法典》中具体人格权的规定并不发达，德国法官才从一般人权中解释出具体人格权。因为我国《民法总则》已经规定了一些重要的具体人格权，司法解释也已经确立了一些重要的具体人格权，有关具体人格权的规定已经较为成熟。在此情况下没有必要一定要通过援引一般人格权解释出众多的具体人格权，也没有必要通过一般人格权发展出许多具体的人格权，而应当优先适用具体人格权的规定；只有在没有相关具体人格权的规定时，才有必要适用一般人格权的规定以补充有关具体人格权规定的不足。

二、在适用一般人格权时，必须通过个案的价值裁量来确定某项具体的人格利益是否应当受到一般人格权保护，应当判断在具体案件中是否存在人格利益被侵害的情形，并且此种人格利益是否应当受到一般人格权的保护

在实践中存在着这样一些案例，如在他人墓碑上书写侮辱他人的言辞或砸毁他人的墓碑，或者故意拔他人腿毛以愚弄他人。在这些案件中，确定是否应该适用一般人格权应当分为以下两个步骤加以考虑。

一是法官应当准确判断是否存在人格利益遭受侵害的情形。在关于如何判断人格利益遭受侵害的问题上，学者有不同的观点。例如我国台湾地区学者施启扬认为，主要应当按照生存价值、社会平衡以及人格发展的具体情况，考虑哪些法益可以构成人格的法益。[1]也有学者认为，对一般人

1　施启扬．从个别人格权利到一般人格权利[J]．台湾大学法学论丛（第4卷），（1）．

格权的内容应该根据具体案件的情况，通过衡平考虑各种应受法律保护的利益和价值做出判断。[1]王利明认为，应当根据社会一般人的看法、生活习惯、传统伦理道德等多因素来考虑是否确有必要保护具体人格权之外的人格利益。[2]

二是若能够确定人格利益确实遭受侵害，则需要进一步判断此种人格利益是否涉及人格平等和人格尊严的损害，以确定是否应当依据一般人格权的规定提供保护，即应当在法律上严格区分权利和法益，不能把任何应当受到保护的人格利益当作权利对待，做出此种区分的意义是重大的。

三、应当限制一般人格权所保护的法益的内容

虽然一般人格权的具体内涵并非是一成不变的，但也应当考虑到社会伦理和价值的变化，适当地调整一般人格权的具体范围。除此之外也应当看到，通过一般人格权的创设，可以将一些未明定为特别人格权的部分，纳入人格权法的保护，因此有学者认为，要"随着人格自觉、社会进步、侵害的增加而扩大其保护范畴"[3]。毕竟一般人格权的规定属于弹性很大的条款，其保护的法益范围不宜过宽，不然就会危及法律的稳定性，给法官随意裁判提供机会。

---

1 FUCHS，*Deliktsrecht*[M].2nd ed,.1996:35. 转引自王利明. 人格权法研究[M]. 北京：中国人民大学出版社，2005：183～184.
2 王利明. 人格权法研究[M]. 北京：中国人民大学出版社，2005：184.
3 王泽鉴. 侵权行为法(第一册)[M]. 北京：中国政法大学出版社，2001：137.

第四章　人格权请求权与
人格权侵权请求权

第一节　立法学说考察

一、大陆法系人格权保护制度

（一）罗马法时期的人格权保护制度

在古代，法律对人格权的保护可总结为四个字"同态复仇"。在自己人格权受到外来伤害时，法律主张以命偿命、以伤抵伤，给对方以同等的报复。在古罗马的《十二铜表法》第八表第二条就有规定这样的内容："毁伤他人肢体而不能和解的，他人亦得依同态复仇而毁伤其肢体。"[1]当人类社会不断发展，社会文明程度不断提高时，逐渐开始以损害赔偿制度代替野蛮的"以血还血、以牙还牙"制度，并且不断成为对生命、健康、身体权等人格权救济的主要手段。古巴比伦国家颁布的《汉谟拉比法典》第二十条规定："倘自由民在争执中殴打自由民而使之受伤，则此自由民应发誓云'无非故意致之'，并赔偿医药费。"

在罗马法中，对他人的身体、自由的侵害有不法之诉，被害物品最高价格赔偿准诉权等诉讼形式的保护。对姓名、名誉等的侵害也有具体人格利益的保护。在罗马法中，不区分民法跟刑法，具有跟原始法一样诸法合

---

[1] 江平. 十二铜表法[M]. 北京：法律出版社，2000：67.

一的特点。随着罗马法不断发展，罗马法学家们将各种具体侵害的行为归纳到"不法"的这一单一要件中，遂形成"不法之诉"。罗马法规定，诉讼必须以"故意"为必要要件。[1]在古罗马的《阿奎利亚法》中第一章便规定了对奴隶身体的保护。在阿奎利亚法之诉中包括故意和过失，这与"不法之诉"有着重要区别。在罗马法中对于人格权有着部分保护，但并没有形成完整的人格权理论，且对其保护的方式也是民刑不分的。在罗马法的法律构建体系中，罗马人以诉讼为中心，而非以权利为中心。在他们看来，只有先诉才能得到权利。权利救济体制通过诉讼活动来展开，当罗马人的民事权利受到侵害时，法律会将私法救济中的义务归于公力救济措施，通过国家的强制性手段来实现。

在罗马法中，很少看见对人格权的正面保护。当罗马人的生命、身体等这些重要的权益受到侵害时，对侵害人的要求也可以通过赔偿的方式进行。绝大多数权利遭受侵害时是通过侵权来进行救济的。现在人格权的相关理论是在近代才逐渐确立起来的，而建立内容完整的体系化人格权制度需要一个漫长的过程。

（二）法国民法中的人格权保护制度

法国于 1804 年颁布《法国民法典》，这是自由资本主义时期快速发展的产物。在该法典中，并没有明确规定人格权的相关内容。对于人格利益方面的侵权案件，主要通过法院的判例来对其进行保护。其实早在 1791 年《表演权法》中便指出："所有财产权中，最神圣和最能体现人格的莫过于作者的作品，即作者的智力成果。"[2]《法国民法典》第九条规定："任何人均享有其私生活受到尊重的权利。"保护公民的私生活受尊重，任何人不得侵犯。1902 年法国最高院的判例明确指出，作者对作品的修改权和

1　王利明. 人格权法论[M]. 北京：中国人民大学出版社，2005：137.
2　米健. 人格权不宜独立成编[N]. 北京：人民法院报，2004-10-15(3).

禁止他人发表是作者固有的人格权。《法国民法典》第一三八二条规定："人的任何行为给他人造成损害时，因其过错致该行为发生之人应当赔偿损害。"在该法律条文中，既适用于财产损害又适用于人格侵害。在法国民法典中没有抽象出一般人格权的概念，也没有规定何为具体人格权。

在 1858 年法国发生的肖像权案中，著名演员 Rachel 的死亡照片未经允许而被别人擅自传播，法院最后判决散布照片的人要赔偿其家人精神损害赔偿金。法院认为肖像权是一个人之所以为人的绝对的权利，禁止未经本人以及家庭成员的同意复制和出版他人的照片。法国的民法典在权利的保护与制约方面也参考了罗马法的规定，在其法典中仍通过"诉讼权利"来保障自己的权利，并未提出侵权请求权等相关的理论。1994 年的修正案确立了对物质性人格权的一般规定，第十六条规定："法律确保人的首要地位，禁止任何人侵犯人之尊严的行为，并且保证每一个人自生命一开始即受到尊重。"

法国民法典是世界上第一部具有世界影响力的民法典，它为现代民法制度的建立奠定了基础。虽然在民法典创立之初并没有考虑到人格权，但在其以后的修正案中不断地吸收和借鉴其他国家的立法成果，逐渐健全了对人格权的保护，丰富了人格权请求权制度，通过修正案和判例来弥补创立之初法典的缺陷，体现了法国与时俱进的时代精神，值得我国学习和借鉴。

（三）德国民法中的人格权保护制度

在 17 世纪，德国著名法学家普芬道夫（Samuel Pufendorf）创建了自然法的义务体系。根据这一体系，人格权归属于对他人的义务。他认为，人类处于相互团结的共同体之中，单个人在这一共同体中孤立无援，需要他人提供的帮助。为了每个人更好地与他人共同生活，个人就必须承担维护团体的义务。由此，普芬道夫便推导出禁止侵害他人的结论，包括禁止侵害他人的生命、身体、自由和名誉，并且主张如果是故意侵害他人的，应当在损害赔偿中考虑被侵害人的精神损失。

在 18 世纪，德国著名法学家沃尔夫（Christian Wolff）通过学习归纳普芬道夫的自然法义务体系和托马修斯（Jakob Thomasius）的原初权利理论提出了自己的理论，他认为人的完善便是首要和至高无上的义务，任何人都不能摆脱此义务。1750 年，沃尔夫出版了《自然法导论》（*Institutiones juris naturae et gent*），在该书中列举了具体人格权内容，如生命权、身体权、名誉权、荣誉权等。他还认为，药物、着装、餐饮、器官、获得、保持和扩大愉悦等都属于人格权。这一人格权体系对后世产生了很大的影响，在马尔蒂尼（Carl Antonvon Martini）起草《奥地利民法典》时，几乎全盘接受了沃尔夫的人格权理论。

在自然法学派之后，《德国民法典》创立之前，曾经出现了"当代应用法学派"（Ususmo der nus）。该学派的人在整理罗马法时，仍采取其民法大全的体系。通过不法之诉将人格利益的保护仅限制于名誉，后被称为"侮辱之诉"。因不法之诉无法对人格利益提供完整的保护，"当代应用法学派"的学者们开始寻求阿奎利亚法之诉。因为阿奎利亚法之诉首先保护人的身体权利，然而并不承认精神损害赔偿。直到 17 世纪末，在涉及肢体案件和损害他人脸部案件中（特别是未婚女子），主张精神损害赔偿的案件不断涌现。主张维护自身的身体完整已经成为人格权的重要构成部分。在确定精神损害方面，法院通常也会考虑到医疗费用和误工费用等。

在德国近代民法的形成和发展中，虽然一些法学家提出了人格权理论，但在民法典的编纂过程中并没系统地规定人格权的相关内容。《德国民法典》第十二条规定："权利人的姓名使用权为他人所争执或权利人的利益因他人不经授权使用同一姓名而受到侵害的，权利人可以请求让他人除去侵害，有继续受侵害之虞的，权利人可以提起不作为之诉。"这是在《德国民法典》中唯一确切地描述人格权的内容。当姓名权受到侵害时，德国采取的救济方式可以是两种，分别是人格权请求权和人格权侵权请求权。德国法中除了对姓名权进行了明确规定，其他的人格利益都没有绝对请求权的保护。当这些法益受到侵害时，则适用于第八二三条规定，故意或过失以违法的方式侵害他人的生命、身体、健康、自由、所有权或其他权利的人，负有向他人赔偿由此产生的损害的义务，即只有在侵害人的行为是出于过错且违反法律，并且损失是一项法益侵害的后果时，受害人才能要求赔偿损失。对于肖像权的保护有 1907 年 1 月 9 日生效的艺术著作权。德国法律中对人格权的保护也主要是以损害赔偿为主，借助侵权行为法的帮助来对人格利益进行保护。

德国民法学家梅迪库斯提出，德国民法典关于人权部分是一部未完成的作品，对于自然人部分规定得过于简单，一些非常重要的人格权没有涉及。关于人权法方面的内容需要参考著作权法和商法等其他的相关法律。第二次世界大战对人格的践踏，使人格权制度又得到了社会的广泛关注。1954 年，德国最高法院建立了一般人格权制度，此制度来源于著名的读者投书案。一般人格权制度的建立是以人格尊严为基础，后来不断出现的骑士案、人身案、人口普查案等开始逐渐弥补德国民法典的人格权制度的弊病。

在我国，一些学者在学习研究德国的法律时，依据《德国民法典》中并没有出现人格权制度的规定，而主张在民法总则和侵权法中分别保护人格权，其忽视了德国法律不断更新变化和当初创立《德国民法典》的时间和背景。德国民法中对一般人格权制度的建立和具体人格利益的保护都是值得我国立法者们去学习和借鉴的。

（四）《瑞士民法典》对人格权保护的立法模式

1907 年，瑞士创立了《瑞士民法典》，特别值得注意的是其中有关人格权制度的规定，它在人类法制史上具有里程碑意义，标志着近代的人格权立法的成熟与完善。

该法典第一次确认了完整的人格权请求权制度，创立了对人格权保护的一般规定。《瑞士民法典》将人格权保护单独设为一章，第二十八条规定："任何人在其人格受到不法侵害时，可诉请排除侵害。诉请损害赔偿或给付一定数额的抚慰金，只有在本法明确规定的情况下，始得允许。"后来又通过从 a 到 l 的 12 款条文，规定了人格权请求权的具体权利。第二十八条 a 规定："（1）原告可以向法官申请：禁止即将面临的侵害行为；除去已发生的侵害行为；如果侵害仍然存在的话，确认其不法性。（2）原告可以请求消除影响或将判决通知第三人或公开。（3）赔偿金和抚慰金之诉以及依照无因管理规定返还不当得利之诉，不受此限。"同时，规定人格权请求权中的采取预防措施的要件。第二十八条 c 规定："（1）凡经初步证明，其人格已受到不法侵害，或有理由担心该侵害会发生且因此可能对其造成不易补救之损害的，可申请有关预防措施的责令。（2）法官尤其可以：出于预防目的禁止或除去侵害，出于保全证据目的采取必要措施。侵害行为会导致非常严重的损害，其显然无支持理由，且采取的措施又并非不合理时，在此条件下，出于预防目的，法官可以禁止或除去通过周期性出版媒介施加的侵害。"当人格权遭到侵害后能够得到全部的法律救济。

第二十九条规定："（1）当就某人姓名的使用发生争议时，其可诉请确定此项权利。（2）因他人冒用姓名而受到侵害的人，可诉请禁止冒用；如冒用有过失的，并可诉请损害赔偿；如就侵害的种类，侵害人应当给付一定数额的慰抚金时，亦可提出此项诉请。"对于姓名权遭受侵害后，可以通过人格权请求权和人格权侵权请求权两种机制来获得保护。这对后来的很多国家关于人格权方面的立法起到了示范效应。

《瑞士民法典》第一次明确规定了人格权请求权的内容，其中不仅包括已经发生的侵权行为，也包括将来可能发生的侵权行为。有效防止侵权行为的发生，避免造成更大的危害结果。《瑞士民法典》不仅规范了一般人格权内容，又确认了具体人格权的内容，值得我国学习借鉴。

（五）《日本民法典》对人格权的保护

在《日本民法典》中，日本学习了德国的民法典，在法典中没有规定人格权请求权内容，而是通过判例的形式确认对人格利益的保护。《日本民法典》第七百零九条明确规定："因故意或过失侵害他人权利或受法律保护的利益的人，对因此所发生损害的负赔偿责任。"[1]第七百一十条规定："侵害他人的身体权、自由权或名誉权，以及侵害他人的财产权等自不待言，依前条的规定负有损害赔偿责任的人，对财产以外的损害也必须予以赔偿。"[2]如果侵权行为被确认，受害人便可向加害人请求损害赔偿的规定。在日本"北方报刊案"中，最高裁判所判决认为："违法侵害他人的名誉权，受害人除可以要求损害赔偿和实施恢复名誉的处置外，为排除现实的进行着的侵害行为或预防将来发生的侵害，要求加害人停止侵害行为是适当的。这是因为名誉与生命、身体都是极其重大的保护法益。应该说作为人格权的名誉权与物权的场合也具有排他性。"[3]

日本民法典逐渐通过判例和解释确定了人格权请求权的相关内容，遭受侵害后，可通过民法典中损害赔偿的内容来进行补救。

（六）我国台湾地区的人格权保护制度

我国台湾地区的民法典关于人格权的规定比较完善，早在 1929 年《中华民国民法典》中第十八条就有规定："人格权受到侵害时，得请求法院除去其侵害。前项情形，依法律有特别规定为限，得请求损害赔偿或抚慰金。"其中除去侵害，针对的是正在发生的侵害。在 2000 年的民法典第

---

1 最新日本民法[M]. 渠涛，译. 北京：法律出版社，2006：151.
2 同上.
3 姚辉. 民法上的"停止侵害请求权"——从两个日本判例看人格权保护(第3版)[N]. 检察日报，2002-06-25.

十八条修正中增加了"有受侵害之虞时，得请求防止之"，对人格权请求权内容进行了完善。在该修正条文中"请求防止"是指如果有发生侵害的可能，可向法院进行救济，也可向加害人请求停止侵害的可能。

在台湾民法典中也有关于损害赔偿请求权的规定，例如第一百八十四条规定："因故意或过失，不法侵害他人之权利者，负损害赔偿责任。故意以背于善良风俗之方法，加损害于他人者亦同。"在第一百九十五条第一项规定："不法侵害他人之身体、健康、名誉、自由、信用、隐私、贞操，或不法侵害他人人格法益而情节重大者，被害人虽非财产上之损害，亦得请求赔偿相当之金额，其名誉被侵害者，并得请求恢复名誉之适当处分。"台湾民法典对姓名、肖像等人格利益有着明确的规定，第十九条规定："姓名权受到侵害时，得请求法院除去侵害，并请求损害赔偿。"针对姓名权的侵害，可以主张自己的排他使用权和要求他人除去侵害请求权的权利。法律保护个人姓名的合法使用，可以享有不受他人侵扰，排除他人使用的权利。姓名权的扩大保护，不仅包括个人所使用的姓名，而且包括在商业领域所使用的艺名、别名、笔名、字号等。当姓名权受到侵害时，可根据民法典第十九条和第一百八十四条请求法律的保护，可以向法院提起诉讼或请求加害人停止侵害、赔礼道歉等。

当人格权受到侵害时，可请求法院停止侵害；当人格权有遭受侵害的可能时，可请求排除妨害。《台湾民法典》第十八条规定："人格权受侵害时，得请求法院除去其侵害，有受侵害之虞时，得请求防止之。"而肖像权属于人格权之一种，"从而被上诉人依此规定诉求上诉人就其所有系争书籍及所附之光盘中使用被上诉人之系争肖像予以除去，将来出版前揭书籍及所附光盘，不得使用系争肖像为有理由，应予准许"。由此我们可看出，台湾地区对于人格权的保护有两种，即因侵权行为发生的请求权、防止侵权发生的请求权，这两种制度相互独立、互相配合完整地保护了人格权。

"从人格权的发展史来看，在人格权及其保护方面经历了一个从仅规定个别人格权发展到对人格权进行具体列举并进行概括规定的过程，从民法仅仅在侵权行为法范围内对人格权进行消极保护的规定发展到民法在'人法'部分对人格权做出积极的正面的规定。"[1]对于人格权的保护，大陆法系的普遍做法是通过侵权法来进行保护，随后又通过修正案、司法解释和判例来进行保护。在各国的民法法典和判例中规定出两种救济方式，即人格权请求权与人格权侵权请求权，这是现代民法中人格权部分发展的重要标志。

二、英美法系对人格权保护的立法模式

在英美法系的国家，对人格权的保护主要是通过判例法。在英美法中，并没有人格权概念，这是因为英美法强调"救济先于权利"这一原则。对人身权侵害的行为包括：殴打、威胁、非法拘禁、毁坏名誉、精神折磨和侵害他人秘密权。在人格利益的保护中最为典型的判例是对名誉权的纠纷案件。名誉侵权案件可分为文字诽谤跟口头诽谤。

英国在1852年颁布了名誉诽谤权，在1891年颁布了诽谤妇女法，1952年颁布了《毁损名誉法》和1968年《剧院法》等。这些法律都强调对名誉权的保护。在美国最先提出对隐私权的保护，并且为隐私权制定的法律是1974年的《隐私法》。20世纪以来，英美法中的公开权是从隐私权脱离出来的，并且成为独立的权利类型。公开权主要是保护人格利益中财产方面的利益，而隐私权则倾向于精神方面的利益保护。美国知识产权学者尼莫（Nimmer）认为公开权是每个人有权控制其创作或购买的公开价值，并从中获得利益。美国学者托马斯·麦卡锡认为，公开权是每个人控制其人格标识商业性利用的固有权利。未经允许侵害他人人格标识的商业价值，不受新闻自由和言论自由免责规则保护。美国法学会在《美国不公平竞争法第三次重述》第四十六条中规定："为了交易的目的，未经允许

---

1 黄立. 民法总则[M]. 北京：中国政法大学出版社，2002：99.

使用他人姓名、肖像或其他人格标识而侵占他人人格标识的商业价值，应承担本法规定的责任。"[1] 美国准备制定统一的公开权法，其公开权制度值得我们学习和借鉴。在传统的隐私权制度中，只注重对精神利益的保护和损害赔偿，而忽略了现代社会中公开权制度出现的新情况，即对人格要素商业利用的财产利益保护。

在英美法系中，权利救济方式主要分两种，分别是普通法和衡平法。普通法表现出来的是令状制度，而衡平法表现为禁止命令制度。令状制度主要针对财产权，令状的申请十分严格，当被害人的权利不能及时得到救济时，为了防止持续、反复的侵权行为的发生或侵权状态，被害人可在损害赔偿或令状无法获得救济时向法院申请禁令，通过寻求禁令来获得保护。禁令是禁止实行或持续违法行为、不作为的法院命令。英美法中的禁令主要包括：（1）中间的禁令和终局的禁令；（2）禁止的禁令和强制的禁令；（3）预防的禁令；（4）代替禁止命令的损害赔偿。英美法的禁令起到了在大陆法系中预防妨害请求权和妨害防止请求权的功能。禁令是法院发布的命令，它是衡平法上的一种救济方式。禁令的发布是由法院自由裁量决定的。

第二节　人格权请求权

一、人格权请求权的来源与概念

人格权请求权的概念是借鉴物权请求权这一概念而来的，人格权请求权来源于人格权，人格权是人生而固有的权利，是民事主体参与社会活动

---

[1] AMERICAN LAW INSTITUTE.*Restatement of the Law third unfair competition*[M]. American Law Institute Publishers,1995:46.

所必备的权利。人格权是人格权请求权与人格权侵权请求权的基础。

请求权有独立请求权和非独立请求权之分，独立请求权是指自身具有一定的意义，具有独立的经济价值，本身就属于一种权利，包括债权和亲属法中的抚养请求权。非独立请求权则是为实现绝对权、人格权、人身亲属权、支配权和无形财产权这些权利而服务的。人格权请求权应属于非独立性请求权。人格权请求权是为了更好地保护人格权而产生的一种手段性的权利，它具有非独立性和防卫性等特点。人格权请求权不仅具有绝对权的效力也具有相对权的效力，它的创立结合了人格权和物权两种权利。

何为人格权请求权？人格权请求权是指民事主体在其人格权的圆满状态受到妨害或者有妨害之虞时，需向加害人或者人民法院请求加害人为一定行为或者不为一定行为，以恢复人格权的圆满状态或者防止妨害的权利。

为何称呼人格权请求权？人格权损害中排除妨害请求权、除去请求权、侵害排除请求权等这些称谓，都没有人格权请求权这一概念准确和周延。这些请求权只是人格权请求权的内容，人格权请求权是能够涵盖其他请求权的唯一概念。

二、人格权请求权的内容、特点和作用

（一）人格权请求权的内容

人格权请求权的基本类型包括两种：停止妨害请求权和排除妨害请求权。人格权请求权针对的是已经存在的妨害行为和很有可能存在妨害行为，被侵害人可以通过排除妨害请求权进行救济和通过停止妨害请求权进行救济。这两种类型的请求权都包含着妨害，主要是为了保障权利的人格权不受非法侵害，更好地保障人格利益。

何为排除妨害请求权？排除妨害请求权是指民事主体的人格权受到不法侵害之虞时，得向加害人或者人民法院请求加害人为或者不为一定行为

以防止妨害的权利。何为停止妨害请求权？停止妨害请求权是指民事主体的人格权受到不法妨害时，得向加害人或者人民法院请求加害人为或者不为一定行为以恢复人格权的圆满状态的权利。

（二）人格权请求权的特点

第一，人格权请求权是一种手段性权利，它是结合人格权和物权的内容而产生的一种救济性的权利。人格权请求权的功能是预防和保障自己人格权不受他人非法侵害，它是为人格利益服务的权利。当侵害发生时，这种请求权通过停止侵害和排除妨害来恢复到人格权原先的状态，保障人格权圆满不受侵害。人格权请求权针对的是特定的主体，即非法侵害者，最终使得人格权重新恢复到原来状态。

第二，人格权请求权的启动前提是人格权受到了不法侵害或即将受到不法侵害。只要人格权受到侵害，即使还没有发生侵害，构成侵权行为，权利人也可主张行使人格权请求权。当人格权受到侵害时，权利人仍然可以行使人格权请求权来保障维护自己的权利。我国的侵权法在理论和实践中一直都认为，停止妨害和排除妨害请求权属于侵权行为，应当属于侵权请求权最先接触的一个阶段。

第三，人格权请求权的基本性质是请求权，请求的内容具有积极主动性，民事主体有请求对方为一定行为或者不为一定行为的权利。权利人可通过人格权请求权直接向加害人要求为一定行为或不为一定行为，也可以通过法院起诉的方式要求对方强制执行。在实践中，并不是所有提出人格权请求权的民事主体都有权利来维护自身利益，对侵害不同的人格利益要具体问题具体分析。人格权请求权是一种实体性的权利，权利人可向加害人直接提出或者向法院直接提起诉讼，均能使自己的合法权益免受侵害。

（三）人格权请求权的作用

人格权请求权主要基于人格权的支配性、排他性、绝对性而产生，为人格权权利本身的结果。人格权请求权在运用时通过停止妨害和排除妨害来保全民事主体的人格利益，如果出现了妨害他人的情形，民事主体可要求对方或向法院求助使其停止侵害和排除妨害。如果损害他人人格利益的情况真的发生，便只能通过损害赔偿来进行补救，这其实对人格权的有效维护也是非常不利的。对人格利益的侵害是事发后进行弥补的，和财产利益不同的是，财产利益归还后便没有损失，而人格利益一旦侵害，会对他人造成不可挽回的结果，事后也无法用金钱来填补。当我们的身体、健康、生命、名誉、隐私、肖像等人格利益被侵害后，再难达到以前原有的状态。所以对于即将发生的侵权行为，我们要有忧患意识，要学会防患于未然。

对比物权请求权，我们发现人格权请求权的独立性是非常重要的，它突出了民法是一部人法，对我国民法典的完善具有基础而重要的作用。

（四）举证与诉讼时效

权利人行使人格权请求权时，需要证明不法侵害的行为正在发生或者有可能将要发生，妨害行为的违法性和因果关系，而不需要像人格权侵权请求权那样，证明更为复杂的事情。在证明侵权责任时要证明这四个要件：违法行为、损害事实、因果关系和主观过错。人格权请求权与人格权侵权请求权的重要区别是，是否需要证明加害人有过错。

在人格权请求权中不适合有诉讼时效，而在人格权侵权请求权中适合诉讼时效。原因主要有以下几点。第一，诉讼时效的起点计算问题。在人格权请求权中，停止妨害针对的是持续的妨害行为或妨害状态，而排除妨害针对的是可能发生的侵害。这两者的诉讼时间起算点都难以确定。第二，与设立初心相违背。诉讼时效主要涉及财产权利的交易制度，而人格权请求权与人身权利相关，如果也规定这样的时效问题，将不利于保护被侵害人的权利。"规定请求权若干年不行使而消灭，盖期确保交易之安全，维持社会秩序耳。盖以请求权永远存在，足以阻碍社会经济之发展。"[1]第三，弥补人格权侵权请求权的缺陷。当人格权侵权请求权不能保护人格权时，人格权请求权可以起到弥补的作用。当侵权请求权已过诉讼时效时，权利人仍可以通过人格权请求权来行使停止妨害请求权和排除妨害请求权。

三、人格权请求权的立法现状及完善

中国的第一部民法典《中华民国民法典》，颁布于 1929 年。该部法典对人格权进行了明确规定，主要包括身体权、健康权、人身自由权、姓名权、名誉权等。该法典在我国台湾地区沿用至今。我国大陆地区曾长时间施行的《民法通则》最大的特点就是专门设立一章的内容规定"民事权利"，外国的学者称为"民事权利宣言"，在 2017 年 10 月 1 日施行的《民法总则》中也保留了这一章节，其中的内容发生了较大变化，弥补了民法通则的缺陷。

在《民法总则》第五章民事权利中，第一百零九条规定："自然人的人身自由、人格尊严受法律保护。"第一百一十条规定："自然人享有生命权、身体权、健康权、姓名权、肖像权、荣誉权、隐私权、婚姻自主权等权利。法人、非法人组织享有名称权、名誉权、荣誉权等权利。"第一百一十条规定："自然人的个人信息受法律保护。任何组织和个人需要获取他人个人信息的，应当依法取得并确保信息安全，不得非法收集、使用、加工、传输他人个人信息，不得非法买卖、提供或者公开他人信息。"第一百一十二条规定："自然人因婚姻、家庭关系等产生的人格权利受法律保护。"在《民法总则》中对人格利益进行明确的规定，对可能侵害到的人格权利进行详细的列举，这不仅是对《民法通则》的修补和完善，而且强调了我国对人格利益的重视和保护。

---

1 王泽鉴. 民法总则[M]. 北京：中国政法大学出版社，2001.

在我国《民法总则》中，第八章民事责任承担方式的第一百七十九条："承担民事责任的方式主要有：（一）停止侵害；（二）排除妨害；（三）消除危险；（四）返还财产；（五）恢复原状；（六）修理、重做、更换；（七）继续履行；（八）赔偿损失；（九）支付违约金；（十）消除影响、恢复名誉；（十一）赔礼道歉。"通过明确的法律条文，保障了民事主体遭受侵害后的救济方式。与民法通则相比，总则中增加了第七条继续履行，让民事责任的承担方式更为完善。人格权请求权只是"防患于未然"和"将侵害及时遏制"，如果损害结果已经发生，或者已经造成了不可挽回的结果。民事主体还可以通过侵权法上的人格权侵权请求权来获得赔偿。

立于正在致力于创建属于我们自己的民法典的今天，我时不时想起吉尔克（Ottovon Gierk）在 1895 年为"人格权"这一概念的狂热呐喊，"我们所说的'人格权'，就是保障一个主体能够支配自己的人格必要组成部分的权利。正是在这个意义上，该权利可以被称为'对本人的权利'，而且通过这一客观性的表述可以清楚地将它与其他权利区别开来"。

第三节　人格权侵权请求权

一、人格权侵权请求权的来源与概念

在传统的大陆法系国家，侵权法属于债权的内容，故侵权请求权归属于债权请求权的范围。何为侵权请求权？侵权请求权是指特定的权利人对特定的义务人请求为一定的行为或者不为一定行为的权利，即被侵权人请求侵权人承担侵权责任的权利。侵权请求权的构成要件主要包括损害事实、违反行为、损害事实与违法行为之间的因果关系和主观过错这四方面。

人格权侵权请求权是指在人格利益方面遭受侵害后，被侵权权人请求

侵权人承担侵权责任的权利。

二、人格权侵权请求权的内容

人格权侵权请求权主要是针对损害结果进行救济，救济的方式可总结为以下几种。

（一）损害赔偿请求权

1. 财产损害赔偿

财产损害赔偿主要包括两部分，即所遭损失和所失利益。在人格权侵害的案件中，如果侵害的是物质性人格权，如生命、身体和健康等，那么受害人将在生理和心理上遭受巨大的痛苦，所导致的财产损害赔偿是不可避免的。运用财产损害赔偿的原理，所遭损失主要包括医疗费、护理费等，所失利益主要包括遭受人身伤害后入院治疗的误工费等。只要在相当因果关系之内，都应当予以赔偿。

在德国"摩纳哥的卡罗琳公主案"裁判中，法院出于"收缴利润"的目的，判令被告支付巨额赔偿金，将曾被称为抚慰金的"合理赔偿"转变为一种类似于美国法中惩罚性损害赔偿请求权（惩罚性赔偿）的法律救济手段。在正常市场条件下，权利人的隐私商业化适用许可的费用是其所遭受的损失，这些损失可由加害人赔偿。

2. 精神损害赔偿

精神损害赔偿，是自然人因其人格权利受到不法侵害，使其人格利益受到损害或遭受精神痛苦，要求侵权人通过财产形式赔偿等方法，进行救济和保护的一种手段。精神损害赔偿的设立是为了抚慰被害人的精神痛苦，通过给付合理的金钱来弥补对被害人的伤害。遭受的非财产损失其实是不能用金钱来衡量的，虽然不能完整地对人格利益进行救济，但这种精神损害赔偿金也能在一定程度弥补受害人的不愉悦，使其在其他精神方面得到满足和享受。金钱赔偿是对受害人遭受侵害后的一种补救方法，它是为了修复受害人的精神伤害，慰藉情感的损害。

在我国司法实践中，对精神损害赔偿的数额进行限制是为了防止民事主体滥用自己的权利。在发生损害赔偿时，如果侵权后发生的只是小额的赔偿，这可能使加害人认为小额的赔偿也能让他们获得巨额的利润，将会导致侵害他人人格利益的行为愈演愈烈。例如，大型的传媒公司在侵犯名人或公众人物的隐私权后，即便会发生精神损害赔偿数额，与丰厚的巨额回报相比也是少之又少。这也将变相地支持侵害隐私权的行为。基于惩戒加害人和抑制侵犯人格权行为泛滥的考量，精神损害赔偿应当慰抚与惩罚的功能并重。

精神损害赔偿应属于人格权侵权请求权的内容，因为人格权请求权主要以侵害行为为对象而非损害结果。精神损害应当以损害结果为对象。在人格权请求权中，对于存在侵害行为之虞时，属于一般预防性的保护措施；而对于正在发生的侵害行为，则属于一种保护性措施。精神损害赔偿是人格权侵权请求权的重要内容，如果欠缺精神损害赔偿制度，将不是一个完整的赔偿制度。

（二）恢复原状

恢复原状，在人格权领域主要表现为恢复名誉和消除影响。恢复名誉是指行为人因其行为侵害了公民、法人的名誉权，应在侵权影响所及范围内将受害人的名誉恢复至未受侵害时的状态。消除影响是指行为人的行为侵害了公民、法人的人格权，应在所及范围内，消除不良后果。恢复原状主要是针对姓名权、肖像权、名誉权和荣誉权等这些权利受到侵害，恢复名誉消除影响的范围也应当与侵权所造成的不良影响的范围相当。

"由于名誉权、荣誉权乃至一般人格权等涉及社会评价，人格权既保有本应享有的社会评价的积极权能，也享有维护此类社会评价，请求侵权行为人恢复名誉、消除影响的消极权能，其旨在恢复人格权的原状，天然地蕴藏于人格权本体之中。"[1]在传统民法中，损害赔偿的方式主要包括恢复原状和金钱赔偿这两种，在物权法中，恢复原状表现为返还、重做、修理、更换等方式。而在人格权法中，恢复原状主要表现为恢复名誉、消除影响。恢复名誉、消除影响是对姓名、肖像、名誉、荣誉等人格权遭受迫害后有效的保护手段，这是损害赔偿的方式之一。

当人格权受到侵害后，恢复原状并不能全面适用所有情况，例如对于隐私权如何恢复原状。当个人隐私一旦受到侵害被公之于众后，我们不可能强制公众忘记这些个人隐私，如果对于隐私一再地旧事重提，也将进一步扩大不良影响，加重对受害人的伤害。对于侵犯隐私无法使用恢复原状，只能通过其他的途径进行弥补。

（三）赔礼道歉

中国自古以来便是礼仪之邦，赔礼道歉这种救济方式是中国之特色。它在我国的民事责任纠纷中发挥了重要的作用，尤其是针对人格利益的侵害，赔礼道歉是必不可少的。赔礼道歉能够在一定程度上弥补受害人的精神损害，这是一种精神型的民事责任。

无论是在理论上还是在司法实践中，赔礼道歉这种责任方式对当事人的自由是否是一种侵害，并且这种责任方式如何执行存在着争议。"赔礼道歉的功能在于客观上对受害人面子的修复和弥补，而不是主观上责任人内心是否具有真实的忏悔。"我们虽不能控制侵害人对错悔改，进行赔礼道歉是何种态度，是否是真实的自由意志的写照，但是通过赔礼道歉不仅可以让侵害人承担不利的后果，而且在一定程度上也可以弥补受害人的精神损害。赔礼道歉这一救济方式在实施时分两种情况。一般情况下，赔礼

1　崔建远. 债法总则与中国民法典的制定——兼论赔礼道歉、恢复名誉、消除影响的定位[J]. 清华大学学报（哲学社会科学版），2003(04)：67～76.

道歉原则上应当公开进行，且越公开收效越显著。另外也有特殊情况，如果侵害的是隐私权，赔礼道歉只适合在非公开的场合进行，因为公开发布道歉声明可能将所涉及的隐私再次暴露在公众的目光当中，这将进一步公开和扩散他人的隐私，非但没有让受害人得到精神上的抚慰，反而使受害人背负更深的精神损害。

三、人格权侵权请求权的立法现状及完善

我国的人格权制度处于不断发展当中，在《民法通则》中将人身权单独作为一节规定，这一规定在海外曾获得过"权利宣言"的名誉。在 2017 年 10 月 1 日以后实施的《民法总则》中，大幅度地修改了民法通则的内容，我国一直都致力于创建自己的民法法典。在总则中，第一百零九条明确规定保护自然人的人格自由、人格尊严等一般人格权，在第一百一十条中明确列举出自然人享有生命权、身体权、健康权、姓名权、肖像权、荣誉权、隐私权、婚姻自主权等一般的人格权利。总则中对人格权内容的详细规定，让我们看到国家和社会对人格权的重视。在现代社会下，传统的人格权无法满足人自身的纵向发展，例如网络隐私、共同隐私等新型隐私权的出现，社会环境的不断变化导致新型人格权的出现，例如性自主权、环境权等都是在人格制度中没有的内容。对于人格权的侵害行为，我们现阶段只能借助我国《侵权责任法》来寻求帮助。

我国《侵权责任法》第三条规定："被侵害人有权请求侵害人承担责任。"该法律条文也存在漏洞，一方面是侵权请求权的享有人并不局限于"受害人"本人。《侵权责任法》第十八条规定："被侵权人死亡的，其近亲属有权请求侵权人承担侵权责任。被侵权人为单位，该单位合并、分立的，承继权利的单位有权请求侵权人承担责任。"第十八条的规定与第三条的规定在第二责任构成和责任方式中有明显不同。另一方面是侵权请求权针对的人，即侵权责任的承担者在很多情况下并非侵害人本人。《侵权责任法》

的第四章看似是对责任主体做出了规定，但其内容明显未涵盖有关责任主体的全部特殊规定。在特殊侵权行为中，大多为替代责任，主体并非侵权人本人。因此，我国《侵权责任法》未在实质上对侵权人这一概念进行拾遗补阙。这也将会在维护人格利益时造成不必要的麻烦。

第四节　人格权请求权与人格权侵权请求权的区别

通过前面两章内容的介绍，可得知人格权请求权与人格权侵权请求权并不能画等号。请求权有独立请求权和非独立请求权之分，其中侵权请求权属于独立请求权，而人格权属于非独立请求权。人格权请求权与人格权侵权请求权在来源、性质、功能、构成要件，以及举证责任方面都有着本质的区别，故人格权请求权也不可能被侵权请求权所吸纳。人格权请求权与人格权侵权请求权相互补充，共同起着保护人格权的作用。

关于人格权请求权与人格权侵权请求权的区别有以下几点。

第一，主体范围不同。人格权请求权的主体只有加害人和受害人，而人格权侵权请求权的基本主体为加害人和受害人，另外在加害人之外还有责任替代者，在受害人之外还有间接受害人。间接受害人包括：受害人的法定继承人，例如配偶、父母和子女等，还有需要为被害人支付丧葬费的人。

第二，程序不同。人格权请求权要求的裁定程序比较简单，而人格权侵权请求权经过的程序相对较长。在主张人格权请求权时，相对于侵权之诉，权利人的举证责任较为轻微，在事实认定和法律适用方面都比较低。一般侵权行为人很难抗辩。如果是主张人格权侵权请求权，一般侵权之诉审理的时间较长，法院做出的判决与加害行为发生会有较长时间的间隔。这也可能会使本不应该的损害发生或者进一步扩大被害人的损失。

第三，请求权的内容不同。人格权请求权请求的内容主要包括停止妨害或排除妨害，而人格权侵权请求权的内容是恢复原状和赔礼道歉，更多地体现了财产性。

第四，针对阶段不同。提起人格权请求权可以在诉讼的任何阶段，人格权请求权中排除妨害请求权是在事前阶段提出，而停止妨害请求权可以在事前、事中和事后的任何阶段。而在人格权侵权请求权中只能是事后阶段，它主要是些赔偿措施。在人格权请求权与人格权侵权请求权中，成立侵权未必适用停止妨害、排除妨害，反之，在适用停止妨害、排除妨害的时候，也不一定成立侵权。二者之间的关系既不是充分条件也不是必要条件。

第五，诉讼时效不同。人格权请求权不适用诉讼时效的规定，而人格权侵权请求权是有时效的，时间是三年。被害人在诉讼时超过诉讼时效时，将丧失胜诉权，此时被害人仍可提起人格权请求权，通过这个请求权保证妨害的排除和停止，恢复权利的全满状态。

第五章　先期与延续人格利益

第一节　先期人格利益保护

一、先期人格利益概述

胎儿的人格利益在大部分国家都是受法律保护的，因为胎儿的人格利益与自然人所拥有的生命权联系密切。我国法律规定，自然人的权利能力始于出生，终于死亡。属于一般的自然人才是人格权的主体，即自然人出生前和死亡后是不应当享有人格权的。这显然是与现实生活相违背的，故有必要对先期人格利益做更为深入的研究。

我国医学对胎儿的规定是："胎儿，是指妊娠 8 周以后的胎体。妊娠 4~8 周娩出的胎体为胚胎。胚胎期重要器官逐渐形成，在胎儿期各器官进一步发育成熟。胎儿在妊娠 28 周以前娩出的现象称为流产；孕 28~37 周前娩出的现象称为早产，孕 37 周至不满 42 足周娩出的现象称为足月产。妊娠全程共 280 天即 40 周。"从生物学的角度出发，对胎儿的定义是指："胎儿是一切未出生的脊椎动物的幼儿。"受精卵的早期被称为胚胎期，胚胎期终止于胚胎的外形开始表现得与该物种的新生儿相类似时，直至胎儿出生，这段时间被称为胎儿期。

对于胎儿的界定，我国法学界众说纷纭。比如，胡长清学者认为："谓胎儿者，在母体为之儿也。即自受胎时起至出生完成之时止，谓之胎儿。"[1]然而龙卫球学者则认为："胎儿是指自然人未出生但在受胎之中的生物体状态。"[2]学者郭明瑞认为"胎儿的存在形式是女性子宫内的一个不可分割的部分，是具有生命特征的，是会在经过一段时间后发展成为一个自然人的"。学者徐开墅认为"其定义是指在女性的一个叫子宫的生物器官内，刚刚受胎成功，还未成长起来的胎儿"。笔者认为，在医学和生物学的角度考虑胎儿，则会认为胎儿只是自然人在出生之前的一个阶段。如果法学上直接引用此种观点将使得先期的利益不被完全保护。在迅速发展的今天，试管婴儿的出现，将使我们不得不重新看待这个问题，试管婴儿是由精子和卵子于体外结合，作为还未进入母体的胚胎当然也会涉及遗产、子女抚养权等法律问题。故龙卫球学者的观点更为贴切实际，更有助于理解外界对特殊状态下的生物体的侵害行为，进而更好地保护先期的人格利益。

二、先期人格利益保护的理论依据

对于先期人格利益的保护早在古罗马时期便已出现，当时的一位著名法学家保罗便指出："当涉及胎儿利益时，母体中的胎儿应像活人一样对待，尽管在他出生以前这对他毫无裨益。"传统的民法认为自然人的民事权利始于出生，终于死亡，人只有在出生后才享有权利和承担义务。但对于出生前的先期人格利益如何保护？对于先期利益保护的依据到底是什么？民法理论界对此众说纷纭，可将其归纳为以下几种学说。

（一）权利能力说

权利能力说是传统的法律学说，其最早可追溯到罗马法时期对胎儿人格利益的保护。罗马法认为：胎儿从现实角度讲不是人，由于它仍然是一

---

1 胡长清．中国民法总论[M]．北京：中国政法大学出版社，1997．
2 龙卫球．民法总论[M]．北京：中国法制出版社，2002．

个潜在的人，人们为它保存并维持自出生之时起即归其所有的那些权利，而且为对其有利，权利能力从受孕之时而不是从出生之时起计算。

主张权利能力说的学者认为，国家通过法律赋予民事主体享有权利和承担义务的资格，不具备民事权利的个人，既不能享有权利也不能承担义务。自然人的民事权利能力始于出生终于死亡。如果严格执行这一原则，将导致先期人格利益得不到保护。故该学说的学者认为，胎儿是一种特殊的民事主体，与胎儿利益保护有关的，要视胎儿跟自然人一样具有民事权利能力。如果胎儿出生是死体的，其民事权利能力自始不存在。

权利能力说又分为两种学说。第一是附解除条件说，胎儿出生前即已取得权利能力，但将来为死产，则溯及丧失其权利能力；第二是附停止条件说，认为胎儿出生以后溯及出生前取得权利能力。附解除条件说学说被我国台湾地区所采用。

（二）生命法益保护说

在"生命法益保护说"中，代表人物是德国学者普朗克（Planck），其观点认为："胎儿虽不享有民法意义上的权利，但胎儿的利益属于生命法益；而生命法益限于法律存在，任何人均有权享有生命法益，不受法律或其他外在力量的约束，且法律必须承认自然的效力加以保护。"[1]何谓"法益"？法益是指法律所保护的合法权利，胎儿虽不是民事权利的主体，但法律为了保障其顺利出生而给予特殊民事权利。该学说虽避开了胎儿权利能力的这一难题，但对胎儿的生命未做任何解释，胎儿的生命何时存在、何时结束都未曾提起，这将在法律实践中带来诸多阻碍。

在德国曾发生过关于保护胎儿利益的著名案件——输血感染病毒案件，该案件判决后被学者们誉为"自然法的复兴"。本案历经三审均获胜诉。

1 王泽鉴. 对未出生者之保护[C]//民法学说与判例研究（四），北京：中国政法大学出版社，1998，(1)：265.

自然人在出生前的被侵害性与其权利能力无关，人的生命自何时开始须受到法律保护。德国的民法规定自然人权利能力始于出生，但并未对未出生的生物体做出规定。但在该案判决中，确有必要认为一个人生前遭受的伤害，致其出生后健康受损。

（三）人身法益延伸保护说

我国杨立新教授提出了人身法益延伸保护说，在我国法学界具有深远影响。人身权益延伸保护是指法律依法保护民事主体人身权的同时，对其在诞生前或者消灭后所依法享有的人身利益，给予的延伸至其诞生前和消灭后的民法保护，人身权延伸保护的客体是人身法益，而非权利本身。按照人身法益延伸保护理论，胎儿属于先期人身法益。先期人身法益可分为四类。（1）先期身份法益。胎儿在受孕之始，母体在怀孕期间，此时事实上就存在着该胎儿与其他亲属之间的身份关系。（2）先期身体法益。母体在怀孕期间，胎儿是母体的一部分，此时胎儿的形体具有先期身体利益，应当予以保护使其出生，成为身体权的客体。（3）先期健康法益。当胎儿存在于母体之时，便存在先期健康利益，法律应当确认此种先期健康利益并予以保护。（4）先期生命法益。胎儿具有生命的形式不容否定，但这种生命形式并不是生命权的客体，而是一种先期的生命利益。对此种生命利益，法律应当予以保护。对胎儿人身利益的保护就是对自然人的先期人格利益的保护。

三、法律对先期人格利益的保护及建议

我国 2017 年 10 月 1 日开始实施的《民法总则》第十六条规定："涉及遗产继承、接受赠与等胎儿利益保护的，胎儿视为具有民事权利能力。但是胎儿娩出时为死体的，其民事权利能力自始不存在。"这与以前实施的《民法通则》有了巨大的改变，《民法通则》第九条规定："公民从出

生时起到死亡时止，具有民事权利能力，依法享有民事权利，承担民事义务。"该通则完全没有给胎儿留有维护其权利的空间，只是在《继承法》中涉及胎儿的继承权问题。我国《继承法》第二十八条规定："遗产分割时，应当保留胎儿的继承份额。胎儿出生时是死体的，保留的份额按照法定继承办理。"在对所留的遗产进行分割时，会对胎儿所要继承的份额进行保留，胎儿所得的特留份并不是胎儿即时取得的。在我国，胎儿享有遗产的权利必须是在出生后才能取得。这实际上否定了胎儿的民事权利能力，完全不承认胎儿是具有民事权利的体现。如果只是在《继承法》中对胎儿的权利进行保护显然是有失偏颇的。

在司法实践中，出生与否的判断往往是根据最高人民法院《关于贯彻执行〈中华人民共和国民法通则〉若干问题的意见（试行）》的规定"出生时间以户籍证明为准，没有户籍证明的，以医院出具的出生证明为准；没有医院证明的参照其他有关证明认定"。这种认定标准可能造成法律上的出生与实际出生不一致，使实际上已经出生但由于某种原因没有及时进行户籍登记或取得出生证的孩子在此期间的合法权益得不到法律保护。因此加强防范胎儿人身利益被非法侵害、如何对受损害的胎儿利益进行法律救济，以及处理侵害人等重大问题就成为法律的一大盲区。

在我们的现实生活中，对先期人格利益的损害主要是指损害胎儿的生命和健康。损害的形式主要有直接侵害和间接侵害。直接侵害常常出现在医疗领域的产前检查、产前诊断、治疗和生产过程中，间接侵害是指在侵害母体人身权利的同时，间接侵害了胎儿的人身利益。在司法实践中对胎儿利益的侵害大都视为对孕妇母体的人身损害，然而，无论从理论上还是实践上来看，母体的利益并不能完全囊括胎儿的人身利益。胎儿的生命、健康等人格利益比较特殊，不同于母体的利益，如果胎儿与母体的某些利益发生冲突，如母体的堕胎行为，如果不能以胎儿自己的名义进行保护，就可能造成胎儿的人格利益被母体所挤对。民法应当以保护自然人和自然人的人格为使命，对"人"的规定建立起普遍的定义，关怀到每一个自然人的特殊需要，这样才能更好地保护人格利益不受非法侵害。

现在实施的《民法总则》较之前的民法通则已有了很大改变。国家以法律的形式在民法总则中对胎儿的利益进行保护。这不仅顺应了世界各国对先期人格利益保护的潮流，也充分展现了我国对先期人格利益应受合法保护的重视。

第二节　延续人格利益保护

一、延续人格利益的概述

何为延续人格利益？所谓延续人格利益是指自然人死亡之后，关于死者的人格利益，其肖像、姓名、名誉、荣誉、隐私等，应当受到法律保护。对是否保护延续人格利益历来有两种不同的观点，分别是肯定说和否定说。持肯定说的学者认为，保护死者人格利益是人身权的延伸法律保护。

对延续人格利益进行保护不仅是对死者人格利益的保护，更是对遗属人利益的保护。死者名誉的损害会在很大程度上侵害到遗属的名誉权。持否定说的学者认为，人格权是专属性的权利，这就决定了除自然人本人以外，其他人都不可能通过转让、继承来取得他人的人格权。人格权应像民事权利一样，始于出生，终于死亡，死者不享有人格权。保护死者人格利益是保护家庭的人格利益，死者名誉和遗属名誉可以以家庭为中介连接，法律保护的是家庭的人格利益。

对是否保护延续人格利益，本书的观点是支持肯定说，应当保护延续人格利益。"人固有一死，或重于泰山，或轻于鸿毛。"个人生前的荣誉不应随着其死后而丧失，更不容他人随意侮辱和篡改。康德曾说过："一个人死了，在法律的角度看，他不再存在的时候，认为他还能够占有任何东西是荒谬的，如果这里讲的东西是指有形物的话。但是，好名声却是天生的和外在的占有（虽然这仅仅是精神方面的占有），它不可分离地依附在这个人身上。"[1]参考各国立法、判例和学说，大部分是赞成对死者人格利益的保护，这是人格法制度发展的趋势。

二、对延续人格利益保护的必要性

第一，安抚死者的近亲属。死者的人格利益与近亲属的名誉、尊严等是密不可分的，如果受到侵害，死者的近亲属可以以自己的权益遭受侵犯为由，要求侵权者承担相应的法律责任。"自然人死后，其法律上所享受的权利转变成一种受法律保护的利益，通过一定的事实转移给其他权利主体，或以其他形态存在下来。"法律应当保护死者的人格利益，保护其近亲属的利益。康德也曾说过："它的后代和后继者——不管是他的亲属或不认识的人——都有资格去维护他的好名声，好像维护自己的权利一样。理由是，这些没有证实的谴责威胁到所有人，他们死后也会遭到同样地对待的危险。"大部分的近亲属对死去的亲人都有着追思之情，对死者人格利益的损害将使其亲人遭受屈辱、愤怒等精神痛苦。对祖先、去世的长辈的辱骂实际上是对生者的辱骂，侮辱先人实际上是对后人的蔑视。对延续人格利益的保护将是对社会人伦的尊重，这也符合我国传统的民族文化，符合社会发展的现状。

第二，维护善良风俗。对延续人格利益的保护，不仅是对死者人格利益的尊重，也是对善良风俗的肯定。保护死者人格利益，将使生者更加努力地维护自己的尊严、名誉等，这也会促进和维护良好的社会风尚。对死者人格利益的蔑视，实际上也是对良好道德的蔑视，对善良风俗的蔑视。尊重祖先是我们中华民族的传统文化，我们都希望死后能够像生前一样被

---

1 康德. 法的形而上学原理[M]. 沈叔平，译. 北京：商务印书馆，1991：118. 页。

尊重，对死者人格利益的侮辱和诽谤，也是对后人的不尊重。维护好对死者人格利益的保护，这将是我们这个社会继续延续下去的重要保障。保护死者人格利益，就是肯定其生前的正当行为，让人们树立正确的价值观、道德观和荣辱观，同时也能维护社会的稳定。

第三，促进社会进步。对死者人格利益的保护将有助于维护社会公共利益，促进社会健康发展。这社会中许多知名人物的肖像、名誉、荣誉等已经成为国家利益和社会利益。如果他们的名誉受到损害，这将不仅是对这些人历史功绩的诋毁，更是对我们民族感情的伤害。对于这些名人的名誉遭到侵害，即使近亲属不提起诉讼，国家的有关机关也应当对其侵害行为予以制止，提起诉讼并要求其停止侵害、赔礼道歉。

俗话说："雁过留声，人过留名。"历史上的许多人物都曾为了自己的国家、民族和社会贡献出自己的力量，甚至为此献身。这些人也都是希望自己能有朝一日名垂青史，至少不落骂名，不被后人唾弃。从古至今，多少仁人志士不是为了"修身、齐家、治国、平天下"而奋斗终生呢？即使不是为了追求功名，也是为了博取好的名声。因此，保护延续人格利益，尤其是死者的名誉，对鼓励生者奋进、促进社会进步有十分重要的意义。

三、国外法律对人格利益保护的现状及借鉴意义

（一）美国延续人格利益保护

众所周知，英美法系的国家是以判例法为主，没有成文法典。法律保护死者人格利益主要是通过判例为主，例如，美国是英美法系的典型代表，关于死者人格利益保护的问题，均是体现于法官的判例当中。从美国的一些判例即可看出法官对于死者人格利益的变化。

在美国，法官一开始对死者的人格利益是不予赞成的。最为典型的案例便是"艾法诉康克林案"，在此案中原告诉被告侵害其隐私权。通常涉

及隐私权的案件中，只存在对名誉、精神等方面的侵害，基本上不涉及财产的损失。该案的法官认为，在这种情况下，权利人的死亡造成诉讼主体失去，并且认为侵害人格权只涉及精神方面的利益，死者的近亲属并不具备代理资格或者获得原告的地位。本案中，原告的死亡，在近亲属不能代理的情形下，诉讼终止就是必然。法官的这种做法，明确态度就是对死者人格利益的否认。当然，随着司法实践的进行，越来越多的法官和学者认识到这种判决太过于绝对，放弃对死者人格利益中财产利益的保护，仅仅保护的是精神方面的利益，对于死者人格利益的保护不够。所以，这种态度在之后的案件中没有被采纳。

虽然时至今日，美国多数州的成文法并没有明确规定。不过随着司法实践的深入，承认死者人格利益，包括精神和财产两方面的利益存在，以及对死者人格利益的保护还是普遍的。如今大多数法官都认为在类似于"艾法诉康克林案"的隐私权诉讼中，不应当因为诸如死亡等偶然因素而终止。因为目前美国法官多数认为，死者人格利益的保护，应当采用家属代理的方式进行；因而，在侵害死者人格利益的案件中，死者近亲属的人格也被认为受到了侵害，故可由近亲属代理进行诉讼。

美国将姓名和肖像利益归入隐私权中，对侵犯肖像利益、姓名利益的行为，被视为是对隐私利益的侵犯，不单独列出。对名誉的侵犯，也主要列出诽谤、诋毁这两种形式。这对我国订立民法典具有借鉴意义。

（二）德国延续人格利益保护

在德国的民法典中，没有关于死者人格保护的法律条文，但是保护死者人格利益是没有争议的。德国宪法法院认为，死者不具有人格权，不应再保护死者的权利而是保护利益。德国联邦法院则认为，死者仍有部分人格权，应以保护权利的形式进行保护。在德国关于死者人格利益保护的问题是，他们是按照死者人格精神利益和死者人格财产利益这两个不同脉络来展开的。

在 1968 年德国联邦法院对"梅菲斯特案"的判决中，德国法院第一次明确了对一般人格权的保护。在该案中，古登的养子以劳斯曼在《悔罪斯特》一书中对古登人格权进行了侵犯，请求法院禁止该书，这一请求得到德国联邦法院的支持。理由是：第一，根据《德国基本法》中的价值秩序，死者死后，不能认为他经过一生的努力才收获的名誉、声望等不被保护，致使遭受损害。第二，死者遗留下来的精神利益超越了死亡，继续存在。此种精神利益可能被侵犯并有保护的意义，没有理由在死者去世后，归于消灭。第三，个人生存时的人格自由、人格尊严等能够得到充分保护的前提是，个人可以期盼，在其死后人格仍能受到保护而不被扭曲。在该案中明确了对死者人格精神利益的保护，直到 1999 年的玛琳·黛德丽案件中才解决了人格权上的财产价值是否受到保护。

玛琳·黛德丽是德裔著名歌星，于 1999 年去世，被告人未经允许以牟利为目的，擅自制作玛琳的音乐剧，并且以玛琳的肖像和姓名进行宣传。玛琳的独生女为遗嘱执行人，请求法院判决被告停止侵害并赔偿损失。德国联邦法院支持了原告的请求，判决理由是，对于人格权利益的保护，应包括两方面，既不能侵害人格权的精神利益，也不能侵害人格权所衍生出的物质利益。比如，侵害公民的肖像权。当公民的肖像权被侵害后，公民可作为肖像权主体主张侵害人的赔偿，不仅要对公民的人格利益予以保护，而且要对公民死后人格权物质利益方面予以保护。对于死者物质利益的保护，应由死者的继承人获得，死者人格权的财产利益理应由其继承人取得。在该案中便确立了对于死者人格利益的保护，不仅要保护死者的人格精神利益，而且要保护死者的人格财产利益。

（三）加拿大延续人格利益保护

加拿大魁北克省的民法典是世界上第一部在人格权部分规定了保护延

续人格利益的民法典。该法典的第一篇第四章规定了"死者遗体的保护"。在魁北克省的民法典中，第四十六条规定："尸体解剖可以在法律规定或者死者已经另外同意的情况下进行；也可以在有权同意管护，或者在将有权同意管护的人的同意下进行。要求尸体解剖或者另外做出同意表示的人有权得到报告复本。"第四十七条规定："如果情况允许，法庭可以在法医或者有利害关系人的要求下，下令进行解剖；在后一种情况下，可以限制尸体检验报告的发布，在法律规定的情况，验尸官也可以下令对尸体进行解剖。"第四十九条规定："符合法律规定的，允许依据法庭的指令，以改变尸体的埋葬目的的或者将尸体埋葬到其他地方或者修整坟墓为目的的挖掘尸体。符合法律规定的，也允许在验尸官的指令下进行。"

该法典在世界诸多法律中如此出众相当难得，用明确的条文规定死者人体器官的处理规则，强调了当事人的意思自治，并规定严格的执行程序。这对我国法治建设也有重要的借鉴意义。

对于延续人格利益是否需要保护，答案是肯定的，必须给予保护。在对死者利益保护时，各国的做法并不相同，有的是在民法典中明确规定，有的是在判例中给予肯定。对延续人格利益的保护是人格权制度发展的一个趋势。

四、延续人格利益保护的理论学说

对延续人格利益保护已成定论，但究竟对延续人格利益如何进行保护，何为最佳路径，学界存在着不同看法，目前主要有以下几种学说。第一，权利保护说。该学说认为：自然人的权利能力并非始于出生终于死亡，死者仍是民事主体，人死后仍有权利能力。理由：其一，权利是由法律进行规定认可和保护的，法律权利的存在是以各种观念为基础的，包括荣誉、名誉等精神利益，而且法律利益是有可变性和延续性的，精神利益永存是不容置疑的客观事实，因此无论是死者还是生者的精神利益都能通过法律来认可和保护。其二，死者可称为主体。来源于社会的法律和立法技术早就突破了原来的民事主体资格理论，除了赋予自然人、法人等权利主体地位外，并不排除特定的权利主体，如胎儿等，将死者作为形式主体才能与其具有的某些权利相匹配。笔者认为，权利保护说虽有一定道理，但在法理上是值得商榷的。首先，该权利保护说与法律上的民事主体制度相冲突，自然人死亡，民事主体即消灭，死者的民事权利从何而来？死者已经作为尸体不可能再享有任何权利，民事主体制度针对的也只有自然人，不包括死者。其次，即使赋予死者人格权利，死者也无法自己行使，人格权与人格权主体是不可分离的两部分，赋予死者人格权是毫无意义的。

第二，法益保护说。该学说认为：保护死者人格利益称为法益，对这种法益的保护不仅仅是自身利益的需要，也是整个社会利益的需要，死者名誉作为一种合法的利益存在。在现行法律规定中，死者是不能成为民事主体的，更不能享有权利。法律应出于尊重近亲属感情、维护整个社会公共利益的需要对死者的人格利益予以保护。笔者认同该法益保护说，自然人死亡后，将不再享有任何权利也无须履行任何义务，死者的肖像、名誉等人格权不复存在，但其人格利益并没有因此消灭。在利益中，不仅包括个人利益，也包括其他人的利益，还有国家和社会利益。对死者人格利益的维护，不仅是社会公德和善良风俗的要求，也是整个社会秩序有效运行的要求。

第三，近亲属利益保护说。该学说认为，保护死者名誉实质上也是在保护死者配偶、父母和子女等近亲属的利益。死者名誉的好坏，往往影响到对近亲属的评价，故与其说是对死者的名誉保护，不如说是对其近亲属权利的保护。法律保护死者人格利益的最终目的是保护死者近亲属的利益。如果对死者的名誉进行诋毁，那么也是对近亲属名誉的毁坏，近亲属应当以自己的名誉遭受侵害而要求赔偿，这与死者是否具有权利能力无关。

第四，家庭利益保护说。该学说认为，在自然人死亡后其名誉受到侵害时，其遗留近亲属的名誉一般也会受到侵害，因为在死者与其近亲属之间存在着家庭名誉这一概念。个人名誉是家庭名誉的一部分，家庭名誉是对家庭各成员名誉的一种抽象，家庭名誉也不会因为家庭中某个成员的死亡而消失殆尽。笔者认为，对死者人格利益的保护并不是出于对其家庭的保护，家庭成员的利益与家庭利益是一种充分不必要的关系，对家庭成员利益的侵害并不一定会侵害家庭利益。

第五，人身权延伸保护说。该学说认为，人格权的保护和所有权一样，是一种无期限的权利，即使在死后也受到保护。民事主体在其诞生前和死亡后，存在着与人身权利相区别的先期法益和延续法益。先期的人身法益与延续的人身法益和人身权利相互衔接，统一构成民事主体完整的人身利益。向后延伸保护的是人死亡后的人身法益。法律应当以人身权利的保护为中心，通过向前和向后的延伸保护，维护人格的完整和统一性，促进社会的发展。

综上归纳之，对于死者名誉应当予以保护并无争议，只是在保护的理论依据和保护的对象上有所区别。值得我们思考的是，为何不将延续人格利益纳入一般人格权加以概括保护，而以单独章节来对先期与延续的人格利益进行说明和保护？原因有以下几点。其一，在一般人格权中包括人格平等、人格尊严和人格自由，而对于胎儿和死者无所谓平等和自由。其二，一般人格权是一个兜底条款，对于胎儿和死者的人格利益，本身就属于非常特殊的列举保护，根本不适合一般人格权的兜底条款保护。

五、延续人格利益保护的范围

延续人格利益保护的范围是指死者在人格利益方面应当得到的法律保护。自然人在其生前和死后所享有的人格利益不可能相同。生前所享有的物质性人格权，如身体、健康、生命等，在其死后将不再享有。

对于延续人格利益保护的范围，在我国司法实践中也在不断地向前发展和探索。我国《民法总则》第一百八十五条规定："侵害英雄烈士等的姓名、肖像、名誉、荣誉，损害社会公共利益的，应当承担民事责任。"从该法律条文可以看出，我国法律明确保护死者的姓名、肖像、名誉、荣誉这四项人格利益。我国《精神损害赔偿司法解释》第三条规定："自然人死亡后，其近亲属因下列侵权行为遭受精神痛苦，向人民法院起诉请求赔偿精神损害的，人民法院应当依法予以受理：（一）以侮辱、诽谤、贬损、丑化或者违反社会公共利益、社会公德的其他方式，侵害死者姓名、肖像、名誉、荣誉；（二）非法披露、利用死者隐私，或者以违反社会公共利益、社会公德的其他方式侵害死者隐私；（三）非法利用、损害遗体、遗骨，或者以违反社会公共利益、社会公德的其他方式侵害遗体、遗骨。"该司法解释扩大了对死者人格利益保护的范围，法律不仅保护死者的姓名、肖像、名誉和荣誉，也保护死者的隐私和死者的遗体、遗骨。归纳可得知，对延续人格利益的保护可分为如下三类。

第一，侵害死者的姓名、肖像、名誉和荣誉。《民法总则》第一百八十五条规定："侵害英雄烈士等的姓名、肖像、名誉、荣誉，损害社会公共利益的，应当承担民事责任。"《精神损害赔偿司法解释》第三条第一款规定："以侮辱、诽谤、贬损、丑化或者违反社会公共利益、社会公德的其他方式，侵害死者姓名、肖像、名誉、荣誉。"对此可将此种情况分为以下三类。其一，侵害死者姓名。侵害人未经允许非法利用死者姓名进行非法活动，导致死者人格利益遭受损害。在鲁迅冠名权案中，浙江省绍兴市中级人民法院一审判决被告绍兴鲁迅外国语学校将"鲁迅"二字用于学校的名称中属于正当行为。对于死者姓名不能够不保护，也不能过度保护，支持法院的判决。其二，侵害死者肖像。在周令飞、周亦斐等诉贵州人民出版社图书发行公司、无锡当当网信息技术有限公司等一般人格权纠纷中，法院支持原告诉讼请求，法院认为死者的肖像具有一定的商业性价值，他人不得擅自利用死者肖像牟利。被告应当对原告进行赔礼道歉、消除影响，并赔偿损失。其三，侵害死者的名誉和荣誉。对死者名誉和荣誉的损害主要表现为故意诋毁死者名声，辱骂或丑化死者等，对死者名誉或荣誉进行毁坏，侵害死者人格利益。在邱少华与孙杰等一般人格权纠纷案件中，孙杰诋毁烈士邱少云，邱少华为邱少云的胞弟，法院最终判决孙杰公开发布赔礼道歉公告，向原告邱少华赔礼道歉、消除影响。在之前著名的荷花女案、海灯法师案和刘信达侵犯谢晋名誉权案的判决结果都表明了我国法律对死者名誉和荣誉的保护，对死者人格利益的保护。

第二，非法披露利用死者隐私。《精神损害赔偿司法解释》第三条第二款规定："非法披露、利用死者隐私，或者以违反社会公共利益、社会公德等其他方式侵害死者隐私。"在我国司法实践中，只要有非法披露或者利用死者隐私的行为，即使没有侵害死者名誉，也被法律所禁止。如果以违反社会公共利益、社会公德等其他方式侵害死者隐私，也是被法律所明文禁止的。死者的隐私利益作为权利外的法益受到保护。

第三，非法利用、损害遗体、遗骨。死者的遗体和遗骨不仅仅只是物体这么简单，它寄托着生者对死者的眷恋和深厚思念。对死者遗体、遗骨的保护，也是对死者延伸利益的保护，对死者的尊重。《精神损害赔偿司法解释》第三条第三款规定，"非法利用、损害遗体、遗骨，或者以违反社会公共利益、社会公德的其他方式侵害遗体、遗骨"，对死者遗体、遗骨的侵害，将会承担对死者近亲属的精神损害赔偿。

对死者人格利益的保护应当采取法定的限制措施，不可随意对其进行扩张解释。对死者人格利益的保护应当约定期限，不能无时间限制，否则会影响社会向前发展。对于成立侵犯死者人格利益的罪名应当有明确依据，对于侵权行为应有严格的构成要件。最后，对于死者人格利益也不能随意地保护，就像《民法总则》中，对侵害英雄烈士等的姓名、肖像、名誉和荣誉这四项进行保护，对需要保护的利益进行限制。对延续人格利益的保护，列举出详细的补救措施，如停止侵害、排除妨害和消除影响等。对死者近亲属的赔偿也需要做出严格的限制。

第六章　人格权的保护

第一节　对人格权保护的相关立法考察

一、英美法系人格权的法律保护

英美法系国家对人格权的确认主要是通过具体的诉讼来完成的，在原告的诉讼中必须有诉讼名称，否则这个损害便得不到救济。为了解决此种问题，就需要法官灵活运用法律和自由裁量权，通过尽可能扩大侵害行为种类的适用范围，使各种侵害行为归入已分好的诉讼种类当中，使受害人得到救济。

在英美法国家的眼里，在司法实践中扩大人格权的内涵和外延，要比在理论上规定人格权更有效果。在英美法系国家并没有人格权和一般人格权这类概念，但在很久之前便有与人格权相关的诽谤法，并且通过长时间的完善已经形成了一个完整的体系。他们将个人隐私、名誉和荣誉等人格利益归入侵权法中，这种立法模式势必会影响人格权作为独立的民事权利的发展。

英美法系国家和地区包括我国的香港地区，对人格权的保护主要是采取判例法的模式。对人身权的侵害行为主要包括如下几类。

（一）侵害人身（Interference with Bodily）

（1）威胁（Assault）：是指对他人非法试图施用暴力或恐吓使用暴力，而被威胁者有理由相信其人有现实的能力实现其目的。（2）殴打（Battery）：是指有意、直接使用武力于他人而违背他人的意愿。这必须有触碰到原告的身体，虽然这种触碰可能是被告间接造成的。（3）非法禁锢（FalseImprisonment）：是指在一段时间内，不问该段时间如何短暂，是否非法施加全部控制，以剥夺他人的自由。该项控制可能是实际上的，也可能仅是权力的显示，有些甚至可能是在实施中，受害人并不知道有这回事。

（二）侵犯人格（Interference with Personality）

（1）诽谤（Defemation），即通过发表虚伪的陈述使他人的名誉受到损害或者使他人在常人心目中丧失好感或威信。诽谤又分为文字诽谤（Libel）和口头诽谤（Slander）。（2）侵犯隐私（Infringement of Privacy），即侵犯私人秘密的行为，如侵入、搜查、监视、窃听、偷拍、非法披露等。（3）精神折磨（Emotion Distress），指故意或者过失致他人蒙受精神上的痛苦，常见的行为有咒骂、侮辱、误传亲人噩耗等。

这些分类只是各种诉讼名称的集合，在每一个诉讼名称背后都会有真实发生的判例，这并不意味着英美法国家对侵权行为的分类严格。"英美、香港法不采用像日本法、中国法那样分开一般侵权行为和特殊侵权行为这样的二分法。英美法作为关于各个类型的侵权行为的准则的总体存在。"[1]至于为何英美法国家不断地拓展其外延与内涵而不从理论上界定人格权的范围或侵犯人格权的行为，英国学者弥尔斯（Miles）可以代表他们的观点："概而言之，没有抽象的英国侵权法，只有具体的英国侵权法，即一揽子可依一定条件对之提起诉讼的作为或不作为。任何加以进一步概括的尝试，

---

[1] 小口彦太. 日本、中国、香港侵权行为法比较[J]. 法学家，1997（5）.

不管按纯理论的观点看来是怎样地饶有趣味，要拿来作为实践的指南都是极不可靠的。"[1]

二、以德国为代表的大陆法系对人格权的法律保护

《德国民法典》的制度受潘德克顿法学派的影响，将民法体系分为五篇：总则、债法、物权法、家族法、继承法。在总则中规定了姓名权，其他种类的人格权主要规定在债法篇的侵权行为当中。在制定《德国民法典》时，并没有规定一般人格权，而是只规定了具体人格权，包括生命、身体、健康、自由、信用权、贞操权，法人名称和荣誉。肖像权是在 1970 年《德国艺术著作权法》中才进行了规定。

德国对一般人格权的规定是在"二战"以后，战争使人们认识到人格尊严和人格自由的重要性。在创设此概念时，出现了大量侵犯一般人格权的案件，如"骑士案""人参案"等。对于一般人格利益的保护，德国联邦法院根据一般人格权的创造功能，又创造出一系列的具体人格权。例如，德国地方法院在司法实践中通过一般人格权创造出了谈话权、秘密权、肖像权等，通过各种判例法确定了一般人格权的适用范围，扩大了精神损害赔偿征收的范围，使侵犯一般人格权就可以请求进行非财产性的损害赔偿。

《德国民法典》第八百二十三条中所规定的身体和健康的权利界限也在不断扩大，很多精神内容填充到这两个概念当中。1990 年，德国通过《个人资料保护法》，此法广泛规定了资料主体所享受的人格权利，例如，知情权、更正权等。德国联邦最高法院通过众多判例确立了一般人格权，又通过一般人格权延伸出更多的具体人格，并且还在不断地丰富和发展。

---

1 MILES.*Digest of English Civil Law*[M].1910.转引自王家福. 中国民法学·民法债权[M]. 北京：法律出版社，1991：412.

三、我国台湾地区人格权的法律保护

我国台湾地区对人格权的法律保护可分为两个层面：宪法层面的规定和民事法层面的规定。人格权受宪法和民事法双层保护，以保障公民的人格利益不受侵犯。

在宪法层面，用宪法保障人格权的意义在于规制国家对于人格权之限制的框架，非基于宪法所定之目的，基于法律并符合比例原则，不得限制人民之基本权利，以确保其人格尊严及自由发展的权利。宪法在保护人格权中，首先提出了保护人身自由，因为人身自由为人类一切自由、权利之根本。《宪法》第八条是关于人身自由之保障，该法条规定："人民身体之自由应予保障。除现行犯之逮捕由法律另定外，非经司法或警察机关依法定程序，不得逮捕拘禁。非由法院依法定程序，不得审问处罚。非依法定程序之逮捕、拘禁、审问、处罚，得拒绝之。"国家在剥夺或限制人身自由时，必须有法律依据，通过正当的司法程序方可执行。如果在其他法律中出现关于人身自由的规定，要看是否符合比例原则，否则将会以其违宪为由宣告其法律无效。此外，台湾司法大法官也多次在涉及人民基本权利和人格权的释宪解释中说明："维护人性尊严与尊重人格自由发展，乃自由民主宪政秩序之核心价值。"基于人性尊严之理念，个人主体性及人格之自由发展，应受宪法保障。

在民事法层面，对于人格利益的保护，主要规定在与侵权行为有关的条例中。台湾地区民法典第十八条第二款规定："人格权受侵害时，以法律有特别规定者为限，始得请求损害赔偿或慰抚金。"第十九条规定："姓名权受侵害者，得请求法院除去其侵害，并得请求损害赔偿。"第一百九十二条规定："不法侵害他人致死者，对于支出医疗及增加生活上需要之费用或殡葬费之人，亦应负损害赔偿责任。被害人对于第三人负有法定扶养义务者，加害人对于第三人亦应负损害赔偿责任。第一百九十三

条第二项之规定，于前项损害赔偿适用之。"第一百九十四条规定："不法侵害他人致死者，被害人之父、母、子、女及配偶，虽非财产上之损害，亦得请求赔偿相当之金额。"第一百九十三条规定："不法侵害他人之身体或健康者，对于被害人因此丧失或减少劳动能力或增加生活上之需要时，应负损害赔偿责任。前项损害赔偿，法院得因当事人之声请，定为支付定期金。但须命加害人提出担保。"第一百九十五条规定："不法侵害他人之身体、健康、名誉、自由、信用、隐私、贞操，或不法侵害其他人格法益而情节重大者，被害人虽非财产上之损害，亦得请求赔偿相当之金额。其名誉被侵害者，并得请求恢复名誉之适当处分。前项请求权，不得让与或继承。但以金额赔偿之请求权已依契约承诺，或已起诉者，不在此限。前二项规定，于不法侵害他人基于父、母、子、女或配偶关系之身份法益而情节重大者，准用之。"人格权是一种权利，在其受到损害时，可依照具体的明文规定请求损害赔偿。

另外，在刑法上也有关于侵害名誉、信用、秘密等相关罪名的规定。例如，刑法第三百零九条规定"公然侮辱罪"；刑法第三百一十条规定"诽谤罪"；刑法第三百一十三条规定" 妨害信用罪"；刑法第三百一十五条规定"妨害书信秘密罪"；刑法第三百一十六条规定"泄漏业务上知悉他人秘密罪"；刑法第三百一十八条规定"泄漏因计算机偶得应秘密之数据罪和以计算机为工具之加重泄密罪"等。对于这些规定属于民法第一百八十四条第二款："保护他人之法律。"台湾地区民法中关于人格权部分规定得比较完善，值得我们借鉴和学习。

第二节　人格权保护的概述

一、人格权保护的概述

人格权是主体依法固有的，以人格利益为客体，为维护主体的独立人格所必备的权利，人格权是民法中的基本权利。对人格权的保护不仅包括对自然人人格权的保护，也包括对法人人格权的保护。对人格权的保护是多个法律部门的责任，是宪法和其他法律部门的共同任务。在宪法中，"关于尊重和保障人权"一节中，对维护公民的人格尊严和人格自由都有明确规定，为人格权保护确立了基本的价值目标和依据。"为确保人格权不受任何不法侵害，民法、刑法、行政法构成了三位一体的法律保护系统。"

人格权受到侵害以后，救济的途径有两种：私力救济和公力救济。私力救济是指权利主体在法律允许的范围内，依靠自身的实力，通过实施自卫行为或者自助行为来救济自己被侵害的民事权利。私力救济的方式主要有正当防卫、紧急避险和自助行为。公力救济是指当权利人的权利受到侵害或有被侵害之虞时，权利人行使诉讼权，诉请人民法院依民事诉讼和强制执行程序保护自己的权利的措施。虽说私力救济和公力救济各有利弊，但是，"现代法治文明的一个重要标志就是权利受损失衡时，由私力救济向公力救济的转换，公力救济在很多领域都取代了私力救济"。

二、人格权保护的特征

从民法的角度来看，人格权保护有如下几种特征。

第一，对人格权保护中权利的确认。对人格权的保护需要各个法律部门相互配合。人格权的保护规定，需要首先在民法中规定，或者更确切地说是在以后的人格权法中规定。只有在以后的民法或人格权法中对人格权内容进行确认，才能为其他法律部门的保护提供法律基础。人格权法对人格利益的保护应当非常全面，既要包括对法定人格权利的保护，也应当包括对人格权利外人格法益的保护。对于人格权权利的保护适用侵权案件中过错责任原则，而对人格权中一般法益的保护，需要结合侵害人的主观方面态度去考虑。

第二，对人格权保护的手段多样且明确。当人格利益遭受侵害时，可通过人格权请求权和人格权侵权请求权来维护自己的合法权利。《民法总则》第一百七十九条规定："承担民事责任的方式主要有：（一）停止侵害；（二）排除妨碍；（三）消除危险；（四）返还财产；（五）恢复原状；（六）修理、重做、更换；（七）继续履行；（八）赔偿损失；（九）支付违约金；（十）消除影响、恢复名誉；（十一）赔礼道歉。"在遭受人格权的侵害时，这些责任承担方式既可以单独使用，也可以并用。只有通过明确具体的责任承担方式，才能使人格权的保护落实到实处，而不会只是空中楼阁。

第三，对人格权救济方式的确认。在对人格权进行保护时既有事前的预防性保护，也有事后的救济保护。对于事前的预防性保护，需要人格权请求权制度起到"防患于未然"的作用。对于事后的救济性保护，则需要通过人格权侵权请求权制度起到"有法可依、有法必依"的作用。对于遭受人格利益侵害的主体，可以通过法定的形式进行救济。

第四，人格权的保护应当与本国国情相结合。一般人格权中，人格平等、人格自由、人格尊严是各国努力追求的目标，并且呼吁人的全面发展的价值理念。各国在要求人的全面发展的同时，要考虑本国的具体情况，要能做到外来文化本土化。例如在半殖民地半封建社会，也曾主张过自由、平等这些观念，但在那时的旧中国根本无法实现。所以对人格权的保护不仅要学习外来优秀的文化，也要考虑到自己本国的实际发展情况。只有符合自己国家经济发展水平的人格权法保护制度，才是好的制度。

第三节 人格权公开化、商品化对人格权的保护

一、人格权公开化对人格权的保护

（一）公开权的概述

何谓公开权？公开权（Publicity Rights）又称形象权，是指公民对自己的姓名、肖像、角色、声音、姿态，以及图像、卡通人物形象等因素所享有的进行商业利用和保护的权利。此种人格权通常属于财产性的权利。公开权是从隐私权中发展出来的，是人格权商品化的一种表现。

尼默（Nimmer）于1954年发布的《论公开权》中，最早开始使用公开权这一概念。他认为公开权是每个人对其创造和购买的公开的价值享有控制或获取利益的权利。现在，美国对公开权的定义为："公开权是限制他人未经许可使用自己姓名、肖像及其他方面个人特性（Identity）的隐私权的一个分支权利。"虽然在美国的一些州法院中并没有承认公开权，但在实际上这一概念已被美国法院普遍接受。

（二）公开权的法律特征

第一，财产性。公开权是具有财产价值的人格权。美国学者麦卡锡（McCarthy）对公开权所下的定义为："公开权简单地说就是这样：每一个自然人固有的、对其人格标识的商业使用进行控制的权利。未经许可使用他人人格标识将侵害他人的公开权，并且损害他人这一固有权利包含的

商业价值，而且这种擅自使用不能根据言论自由原则豁免其责任。"[1]公开权属于人格权，并且具有财产价值。

第二，主体特殊性。对于公开权的主体，存在三种观点：第一种观点认为，公开权的主体是一般主体，而非特殊主体。即所有的自然人对自己的姓名、肖像、隐私等享有开发使用的权利，所有的人都受公开权的保护。第二种观点认为，只有名人才具有公开权，非名人只能助长隐私权。即非名人享有传统的人格权，而非享有公开权。在现实中，通常名人的姓名、肖像、声音、隐私等更容易被利用，而且该名人的知名度越高，公开权自身所具有的价值也越大。

第三，客体特殊性。公开权的客体主要是姓名、肖像、声音等人格利益。在美国 Midler 状告福特公司这一案件中，被告福特汽车公司在宣传其电视商业广告中使用了与原告 Midler 声音相似的歌曲。法院认为，肖像指本人的形象，不包括模仿。被告福特汽车公司没有使用原告 Midler 的声音，而是使用了另一个人的声音，不构成对权利人公开权的侵害。在美国各个州对公开权定义的范围都是不一样的，比如，在纽约州规定了保护姓名、照片、肖像和声音，而在肯塔基州只保护声音和肖像。

第四，部分可转让性。因为公开权具有财产属性，所以便具有了转让的可能性。如果承认公开权具有财产属性，则得出这样的结论，即公开权是可让与和可继承的权利。公开权的特征表现为它是对传统的人格权与主题不可分离与转让原则的突破。公开权与隐私权的不同之处在于，隐私权具有专属性，故不能转让。而公开权作为一种财产性的权利是可以转移的。

第五，期限限制。权利人生前对其姓名、肖像、声音等具有人格标识的权利享有公开权，对于权利人死后其是否还享有公开权，通常认为，对公开权的保护需要有一定的期限限制。在美国不同的州对公开权期限的规

1　MCCARTHY T..*The Right of Publicity and privacy*[M].New York:Clark Boardman Callaghan,1995.

定也各不相同,例如在加利福尼亚州对死者公开权的保护期限是 50～70 年,而在印第安纳州是 100 年。

第六,救济方式特殊。对公开权的救济方式主要是以损害赔偿的方式进行。在美国,一般按照权利费来计算侵害公开权的损害赔偿。转让费通常依照市场价格确定。

(三)我国民法是否适合引入公开权

公开权揭露了人格权在市场经济条件下商品化的事实。公开权既不是纯粹的财产权,也不是纯粹的人格权。它是对某一部分人格权利益,特别是名人的人格利益保护而形成的权利。公开权这一概念在世界各国,特别是英美法系国家产生了重要的影响。但是在我国现有的民法体系中,并不适合采用公开权制度。

美国公开权概念的产生是其缺乏人格权的抽象概念导致的,如果引入公开权概念,可能会对我国既有的人格体系造成不必要的冲击。如果发生姓名权、肖像权侵权行为时,既发生了侵害公开权的问题,又发生了侵害人格权的问题,就会导致侵害的客体可能发生混乱,造成不必要的责任竞合问题,也不利于法官正确适用法律。

二、人格权商品化对人格权的保护

(一)人格权商品化概述

"人格权商品化"这一新名词源自美国,在美国被称为"公开权",在德国被称为"商品化的人格权",而在日本则被称为"明星对其姓名、形象及其他对顾客有吸引力,有辨认性的经济利益或价值进行排他性支配的权利"。现在的人格权商品化主体并不只局限于名人,也慢慢衍生到了普通自然人。民事主体的姓名、肖像声音、隐私等都存在着自身的商业价值,逐渐在变成一种新型的商业交易，从而也会引发民事纠纷。对人格权商品化较为准确的定义则是指在市场经济社会，人格权的某些权能可以被依法转让或者授权他人使用，以及在其遭受侵害以后可以通过财产损害赔偿的方式获得救济。

（二）人格权商品化保护的重要性

第一，社会秩序价值。法的基本核心是秩序价值，法的秩序价值是公民享受自由和社会公平正义的基础。人格权具有社会秩序价值。在法律中对人格权商品化进行确立是对公民劳动成果保护的一种体现。人格权和财产权的碰撞产生了人格权商品化，这需要法律予以确认和保护。在市场经济的快速发展中，人格利益中肖像、隐私等被当作商品推向市场，需要人格权商品化的法律制度进行规范。因此，人格权商品化具有社会秩序价值。

第二，市场效益价值。人格权商品化的价值在于它能够产生利益，根源在于人们可以以自己的名称、个人形象或隐私等进行商品交易，进而出现一个商品交易市场。正是人格权具有了像商品一样的市场效益价值，所以更需要我们去完善自己的人格权法和相关的法律制度。

（三）人格权商品化的特点

第一，可被利用的商业价值。人格权具有可被利用的商业价值。例如，自然人的肖像、声音、隐私等人格利益都具有可被利用的价值，尤其是名人的姓名、肖像、声音等具有一定社会知名度的人物，其商业价值更大。人格权之外的特定人格利益都有被利用的可能，例如，声音、特定人体动作等。如果未经允许将自然人的肖像、隐私用于商业用途，便构成对人格权的侵害。

第二，部分可分离、可转让性。一般在生活中，人格权与个体自身是密不可分的，例如，生命、健康、身体等。但是有些人格权的权能是可以分离和转让的，例如，名称的转让使用或授权使用；自然人死亡后，其肖像权、姓名权等的继续授权使用；被授权人在合同约定的范围内使用。

第三，可继承性。一些人格权的财产价值是可继承的，将人格权商品化后，可继承是其必然结果。如果权利人在约定的范围内使用自己部分人格利益并获得收益，使其人格利益具有商业性，这种商业性价值可在该权利人死后，由继承人继承。只有具有财产价值部分的人格利益方可继承。

第四，赔偿方式。对于人格权商品化后侵害的案件不仅可通过精神损害赔偿，也可采用财产赔偿的方式予以补救。对于非法利用他人人格利益进行商业活动，权利人能够通过财产赔偿的方式获得补救。这与一般的人格权侵害赔偿有明显区别。人格权出现这种商品化的趋向，并不是说人格权的可商品化会产生新型的人格权，而是指人格权的可利用性和财产属性不断地强化和显现。随着社会的不断发展，人格利益的商品化利用会越来越多，这也将是人格权发展的一大趋势。

（四）对于人格权商品化问题的思考

人格权商品化这一现象是我们必须面对的事实。人格权在其本质上是一种精神权利，且主要以精神利益为主。但随着市场经济的不断发展，人格权与财产权关系也日趋密切。在人格权中，不仅声音、肖像、隐私等可以商品化，而且关于一个人的日记、神态、动作或表演等，都可具有商品化的价值。法律需要对各种可商业化的人格利益进行保护，只有这样才能更好地维护个人的合法权益，更好地体现人的主体价值。

第四节　网络环境下的人格权保护

一、网络环境下人格权保护的概述

网络人格权，即在网络环境下，以民事主体依法固有的人格利益为客体的，以维护和实现人格独立、人格平等、人格尊严和人格自由为目标的权利。网络改变了人类社会的生活方式、交往方式、信息获取的渠道等，给人类带来了巨大的便捷。但随着互联网的发展，出现了越来越多关于在网络中侵害人格权的案件。例如，利用网络披露他人隐私，诋毁他人名誉等。对于网络环境下的人格权，需要在人格权法中进行保护。

在网络环境中，人格权有着自身的特点。主要有以下几点。

第一，集合性。在网络环境中的人格权并不是指一种具体的人格权，而是对在网络环境中各种人格权的统称。在网络环境中，不仅会侵犯到人格权利，也会侵害到与人格权相关的利益，如姓名、名誉、肖像、隐私等。例如，对声音的模仿。在网络环境中侵权，可能会出现各种人格利益交织在一起的情况，例如，在网络中侵害他人隐私权时，可能也会侵害到他人的名誉权等。这些所有的人格权利和人格利益放在一起，便组成了网络环境中的人格权。

第二，扩展性。在网络中公布一条信息，几秒便能传遍世界各地。网络具有受众范围广、传播速度快等特点。对于人格利益的保护范围比之前要更加宽泛。例如，一个肢体动作、个人声音，甚至个人喜好等都有可能受到法律的保护。通过网络的强大功能，可以将碎片化的信息整合到一起。这些信息对个人来说也许无关紧要，但对于其他人便显得特别重要。例如将个人信息收集整理，对于个人来说也许无用，但对于商业机构来说就显得非常重要。在网络环境中，人格利益具有扩展性，并不意味着所有的人格利益都能上升为人格权。

第三，交互性。在网络环境中，当侵害一个具体的人格权时，可能会不经意地侵害到其他的人格利益。许多人格权和人格利益是紧密交织在一起的。例如，在网上发布他人的隐私，可能这一行为，既侵害了隐私权，又侵害了他人的名誉权。

第四，虚实相结合。网络环境可以是虚拟的，正如网上流传的一句话，"你永远不知道网络的对面是一个人还是一条狗"！在非实名的情况下，无须直接接触，也可能发生侵权行为。网络环境下人格权的虚拟性是有可能导致现实中的损害结果的。网络环境中，人格权是实体性权利，虽然侵害行为发生在虚拟空间，但如果损害结果真实存在，就会对权利人造成现实的伤害。

第五，具有商品化特征。在网络环境中，权利人可通过对人格权的利用，获得商业利益，实现人格利益的商品化。例如，录制个性化的声音，肢体动作，个性化表演等均可被商业化利用。有的网站会通过收集个人信息、隐私等来从事对个人人格利益侵害的商业行为，并且有可能构成对社会公共利益的侵害。因此，对于网络环境下人格权的商品化这一现象，有必要用特别的法律手段予以规范。

二、网络环境下对人格权的保护

（一）侵害人格权的内容

在网络环境下对人格权的保护，应从两方面进行，一方面是从人格权法的角度，另一方面是从侵权责任法的角度。在网络环境下，人格权法保护的内容包括：

第一，侵害肖像权。肖像权在网络环境下极易受到侵害，例如，经常出现在网络中的某大学校花素颜照、他人裸照、某"富二代"的炫富等。这些都是侵害肖像权的行为。《民法总则》第一百一十条规定："自然人享有肖像权。"肖像权是自然人所享有的，他人不得冒用和干涉。这就不论侵害人是否以营利为目的，只要侵害他人肖像，都将受到法律的制裁。

第二，侵害姓名权、名称权。姓名权是自然人所享有的重要权益，应当受到法律保护。姓名权包括身份证上的姓名、别名、笔名等所有能与特定的自然人相联系的权利都受法律保护。在网络环境下，会出现侵害他人姓名权的案件，如恶意占用网络域名、恶意用他人姓名做自己网名，以及恶意用所有能与个人联系在一起的网名等都构成对他人姓名权的侵害。法人名称在网络环境中也受保护，如以某公司的名称做域名，用其他公司的企业名称为自己企业做宣传，使消费者产生困扰。这不仅扰乱了市场秩序，也构成了不正当竞争。

第三，侵犯名誉权。在网络环境中，侵犯名誉权的行为也非常普遍。例如，在微博或朋友圈中发布诋毁他人的话语或图片，在论坛中诽谤和谩骂他人等，这种侵害名誉权的形态各种各样，故更需要对名誉权的保护予以重视。

第四，侵犯隐私权。在网络环境下，对隐私权的侵害表现形态也多种多样。例如，在网上公布他人的个人信息，披露他人的私生活等。个人信息包括个人出生、身份、家庭、财产、联系方式等。由于搜索技术的发展，利用网络搜索个人信息更加便捷。在实践中，一些人通过"人肉搜索"的方式，发布他人个人信息，侵害了他人的隐私权，给他人的生活带来极大的困扰。

第五，侵害其他人格利益。在网络环境下，声音可以成为重要的人格利益。侵害的行为主要表现为模仿他人的声音，或对他人的声音进行篡改。

（二）人格权的责任承担

在网络环境下侵害人格权的行为中，受害人可通过传统的停止侵害、消除影响、赔礼道歉等方式获得救济。但由于网络环境的特殊性，其责任承担方式也有所变化。

第一，对于网络环境中的侵权行为，首先要采取停止侵害的方式。因为网络传播具有即时性，若确实发生个人人格权被侵害，首要的基本方式就是及时删除。如果侵权的信息被储存，被侵权人有权要求侵害人对储存的资料信息进行删除。

第二，消除影响的特殊性。在网络侵权中，侵害人主要通过公开发布公告这种形式来消除影响。在维护邱少云、狼牙山五壮士等英雄名誉的案件中，要求被告通过公开发布道歉信息来消除影响。

第三，赔礼道歉方式特殊。在网络侵权案件中，有些是在微博或论坛等公开场合连续几天发布道歉信息。因为互联网传播的无界性和受众的无限性，使得这种公开的赔礼道歉比精神损害赔偿更能安抚受害人。例如，在维护邱少云、狼牙山五壮士等英雄名誉的案件中，被告的公开道歉要比损害赔偿更重要，这不仅能减轻对被害人的伤害，也为社会树立了正确的价值观。

第四，损害赔偿承担方式特殊。在网络环境下侵害赔偿额要比在现实空间中的侵权损害赔偿额大。因为网络侵权影响力大，发布面广，造成同样的事件，侵害更严重。在网络侵权中，既要考虑可能造成的财产损害，也要考虑对受害人的精神损害。对于损害赔偿这一方面，不能单独根据现实生活中盈利或亏损进行计算，也要通过该信息在网络中的点击量、浏览次数等信息来判断侵害的后果。

第二编

物质性人格权热点问题研究

第七章　生命权

第一节　生命权概述

一、生命权的概念

（一）生物学领域的生命概念

生命本是生物学概念。在自然界中，由蛋白质、核酸等物质组成的系统，它具有不断生长、发育、繁殖、遗传、进化、新陈代谢，以及能对外界刺激自动做出反应的能力。生命的标志是各种物理化学反应与外界物质进行能量或者物质交换的活动，总称为新陈代谢，即生命系统中看不见的组成部分持续同化与异化的过程。更详细地说，新陈代谢是以酶为媒介的物质和能量转换总和。新陈代谢一旦停止，生命活动就停止。生命是蛋白质的存在形式，当核酸与蛋白质之间形成明确的关系时，遗传信息得到储存和表达的时刻，就是生命发生质变的时刻，即生命成熟的时刻。

（二）始于出生，终于死亡

什么是出生？一直以来就有不同的学说，"独立呼吸说"即从胎儿脱离母体能够独立呼吸，作为生命开始的时期，"一部露出说"即胎儿一部分露出母体即为出生，"全部露出说"则是指胎儿与母体完全分离，脐带剪断时为出生，"阵痛说"是产妇开始阵痛时为出生，"生声说"是胎儿脱离母体发出第一声为出生。出生应具备两个条件。第一个是"出"，即胎儿应完全脱离母体，成为不依赖母体而获得独立生命的人。第二个条件则是"生"，即胎儿在出生时应为活产。在理论上，应当坚持"独立呼吸说"作为标准；在实务上，则一般应以医学上确认出生的时间为准，即按照最高人民法院《关于贯彻执行〈民法通则〉若干问题的意见（试行）》第一条关于"出生的时间以户籍证明为准；没有户籍证明的，以医院出具的出生证明为准。没有医院出生证明的，参照其他有关证明认定"的规定，认定自然人的出生时间。《中华人民共和国民法总则》（以下简称《民法总则》）第十五条也对该内容予以说明："自然人的出生时间和死亡时间，以出生证明、死亡证明记载的时间为准；没有出生证明、死亡证明的，以户籍登记或者其他有效身份登记记载的时间为准。有其他证据足以推翻以上记载时间的，以该证据证明的时间为准。"

何为死亡，也有不同学说。"心脏停止说"即心脏停止跳动为死亡，"脉搏停止说"即脉搏停止跳动为死亡，"呼吸停止说"即呼吸停止为死亡，"脑死亡说"即大脑活动停止为死亡，"生活机能丧失说"即生活机能遭到损伤不能复原为死亡。如何确定死亡，在理论上应采用"生活机能丧失说"，但在日常生活中应该以医学上的具体死亡时间为标准。如果死亡证书记载的时间与自然人死亡的真实时间有误差，则以查明的实际死亡时间为准。

要特别指出的是，确认死亡单指自然死亡而不包括宣告死亡。宣告死亡不必然引起生命终止，只有自然死亡才能够必然引起生命终止。

（三）生命权的概念

生命权是以自然人的生命安全的利益为内容的人格权。

生命权的性质是人格权。曾经有人否定生命权的人格权性质，其基本理由是生命权的丧失没有救济途径，因此不能认为其是一种独立的权利。

也有人认为生命权是身体权的组成部分，对身体的保护，当然能包括对生命的保护。所谓保护身体，乃谓保护生活之身体，而使生命绝止，系侵害身体的最严重后果。现在认定生命权为人格权，并为最重要的人格权，已经没有争论。

二、生命权的特征

（一）生命权具有专属性

生命权一般来说只属于自然人。生命存在于身体中，由于法人以及非法人组织的"人"是法律中拟制的，因此并不具有真正意义上的生命，也就不具有生命权。法律赋予自然人以生命权，是为了维护自然人去行使自身作为人而存在的本源性权利。满足其生命权利，从而在此基础上进行日常生活中的权利义务关系。生命权具有专属性，还体现在生命权不能转让、继承和商业化中的利用，不能将生命权让渡给他人，这也体现了法律对生命的安全保护，体现了生命权的价值。

（二）生命权具有不可复制性

自然人的生命只有一次，并且作为独立个体，其生命轨迹是独一无二、不可复制的，因此具有不可复制性。维护自然人的生命权，在社会环境中行使个人权利，履行个人义务，能够保证自然人实现个人人生价值，追求生活品质。为能够更好地保证自然人生命的安全利益，法律中对于具有相应职责的职业要求负有相应的义务。例如，医院的医护人员有义务对病人进行救治，消防员对险情中可能存在的生命法益受到侵害的情况负有排除险情的义务等。

（三）生命权具有平等性

自然人在法律地位上是平等的，无论性别、种族、宗教信仰、家庭出身、社会背景，无论是中国人、外国人，都没有等级之分，承担多少义务，同样会享有相应的权利。因此，生命权在法律中也享有平等的权利。同时，平等性还体现在，不能通过牺牲一个自然人或者多个自然人的生命去换取其他自然人的生命，无论生命是否足够健全，他人无权利选择剥夺他人的生命。例如，新生婴儿的父母没有权利处置其生命，即便该新生婴儿生命垂危，也不能积极行使任何方式促使其加快结束生命。

（四）生命权具有保护性

各国法律不仅在宪法中体现了保护自然人的生命权，在民法中，生命是一切其他权利的基础，生命权能够满足自然人的生产生活，实现其自身行使权利、履行义务的价值。在刑法中，非法剥夺他人的生命构成侵权。例如故意杀人罪，非法剥夺他人生命，最高可以处死刑。生命权受法律保护，也体现了一国法律制度的完善，体现了尊重和保障人权。

第二节　生命权制度的历史沿革

一、生命权制度的起源

生命是人类社会生存和发展的起点，人类组成社会和国家的基本目的之一就是维护社会成员的生命安全。[1]

与现今社会不同的是，在近代之前，并不是所有的生命都受到平等的

1　杨成铭．人权法学[M]．北京：中国方正出版社，2004：121．

保护。例如，在古罗马时期，奴隶并不能被认为是一个"人"，而是仅仅作为一个能够说话的工具，在实质上与桌椅板凳并没有太多的差别。奴隶主能够决定奴隶的生活，而且能够决定他的生命长短。所以，根本谈不上生命权利这一说法。在中国古代的封建社会，一个人的生命是由父母给的。因为是男权社会，君君臣臣、父父子子的思想深入人们的内心。因此，君王对于臣民、家父对于家子来说，都具有神圣的决定权力。那时，愚孝也是一种孝顺。所以，父母之命不可违，即便是生命的被剥夺。因此，生命权这种说法被迫在古代阶级社会中蛰伏。

二、生命权制度的发展

生命权这一制度的体现最早要追溯到西方国家的宪法性文件中。例如，在 1776 年美国的《独立宣言》中说："我们认为这些真理是不言而喻的：人人生而平等，他们都从他们的造物主那里被赋予了某些不可转让的权利，其中包括生命权、自由权和追求幸福的权利。为了追求这些权利，所以才在人们中间成立政府，而政府的正当权力，则系被统治者的同意。"又例如，法国在 1789 年的《人权宣言》中的第二条规定："任何政治结合的目的都在于保存人的自然的和不可动摇的权利，这些权利是自由、财产、安全和反抗压迫。"根据上官丕亮的《生命权的全球化与中国公民生命权入宪研究》：全世界 177 个国家的宪法中，有 138 个国家的宪法规定了生命权。[1]

三、生命权制度的完善

生命权是基本人权。因此，国际组织也对生命权制度进行了规定。1948 年，联合国大会通过了《世界人权宣言》。其中，第三条规定，"人人享有生命、自由、安全的权利"。这一重要的人权文件，将生命权作为

---

1 吴弘. 金融法律评论(第四卷)[M]. 北京：中国法制出版社，2013.

世界性的权利公之于众。到了 1969 年,《美洲人权公约》第四条规定,"每个人都有使其生命受到尊重的权利。这种权利一般从胚胎的时候开始就应该受到保护。不得任意剥夺他人的生命。在尚未废除死刑的国家,只有犯了最严厉罪行和按照主管法院的最后判决,才能判处一个人以死刑"。在《公民权利和政治权利国际公约》中的第六条也有规定:"人人固有的生命权应当受到法律保护,不得随意剥夺任何人的生命。"这些国际公约进一步对生命权制度加以完善。通过国际组织,将生命权制度规定成为普世价值,将生命权制度最大限度地加以推广。

《德国民法典》的第八百二十三条和加拿大《魁北克省民法典》第三条也都从民法的角度表明生命权制度的重要地位。我国在《中华人民共和国民法通则》(以下简称《民法通则》)中的第五章第九十八条提道:"公民享有生命健康权。"这从我国民法中体现出生命权的重要性。在 2017 年新修订的《民法总则》中,再一次强调了生命权的重要性。其中,生命权保障制度在第一百一十条出现:"自然人享有生命权、身体权、健康权、姓名权、肖像权、名誉权、荣誉权、隐私权、婚姻自主权等权利。"除此之外,在我国,一些单行法律中也对生命权加以规范。例如,1998 年《中华人民共和国执业医师法》第二十四条:"对急危患者,医师应当采取紧急措施进行诊治,不得拒绝急救处置。"《中华人民共和国人民警察法》第二十一条规定:"人民警察遇到公民人身、财产安全受到侵犯或者处于其他危难情形,应当立即救助。"通过单行法律法规对生命权制度加以维护,能够更加详细地对生命权适用加以规定,从根本上将生命权制度落到实处,能够推动生命权制度的健康发展,这是符合历史发展趋势的。同时,我国在国际社会中的地位越来越高,作为发展中的大国,我们更应该做出表率作用,将人权问题上升到一定的高度。多年来,部分西方资本主义国家的部分政客,一直以中国人权问题大做文章。事实上,我国无论是在宪法中,还是在民法、部门法中都对人权问题非常重视,并且有详细的规定。通过上文我们可以看出，我国对人格权中的生命权规定均有保障，这无论是对于我国国民，还是对于国际舆论来说，都是强有力的证据。

第三节　生命权的内容

一、生命维护权

自然人享有生命维护权。通过对生命进行维护，推动生命的延续，实现人生价值。对生命的维护可以从积极的角度和消极的角度进行分析。

积极的角度可以看作对生活、生命充满期待，积极从事对生命健康有意义的事，例如，积极锻炼身体，健康科学饮食，良好的作息习惯等。消极的角度是从法律法规的角度看待生命权的维护，例如，当自然人的生命健康受到侵犯的时候，自然人可以通过法律武器，要求侵权者承担相应的侵权责任，从而保证独立个体的生命安全与延续。

关于生命维护权还可以表现为，对于非法侵害生命的行为和危害生命的危险情形，可以防止危险的发生。当有危险发生时，自然人可以选择正当防卫和紧急避险。正当防卫主要适用于面对不法分子的侵害，行为人可以正当防卫，使自身脱离危险。而紧急避险，适用于"两权相衡取其轻"的情况。例如，当事人可以选择致使他人轻微的身体损害，以避免本人生命的丧失等情况。

除此之外，生命权的维护还可以表现为改变生命所处的危险环境。当生命所处的环境对该生命有危险时，权利主体可以主动选择改变环境。《民法通则》第一百三十四条第三项规定，"消除危险的民事责任方式，包括改变生命危险环境"。改变生命危险环境应做广义理解，包括造成威胁生命的一切场合、处所、物件。这种改变，可以是权利人自行改变，权利主体自主选择远离危险环境，也可以是权利主体要危险环境的管理人、占有人改变，请求造成危险环境的当事人停止危险行为，切断危险结果的发生。该改变可以改变的是行为人，也可以是财产、物等形式。但是，对于负有特定职责的人，例如，医生、消防队员、警察等人员，不得因为环境的恶劣而选择放弃自身所负有的职责。

二、有限的生命利益支配权

生命权在民法中分析，一般认为自然人是无权处分自己的生命的。因为，一旦给生命处分权，则对于自杀这一行为可以看作具有正当性。但是，在某种程度上，对于自然人自愿放弃自身的性命可以认为是合理的。一是为社会公共利益、他人利益或个人气节而慷慨赴死、舍己救人的献身精神，二是现代安乐死制度的施行。这两种情况，都涉及生命权人对其生命利益的支配或处分。因而，否定说的不正确之处，就在于不能概括和解释以上现象。所以，也可以称作自然人具有有限的生命支配的权利。目前学界认为有限的生命利益支配权主要集中在独立意志下献身和安乐死的问题上。

（一）独立意志下献身的问题

独立意志下献身的问题，可以认为是当事人在自愿的情况下，为了他人或者他事的利益而放弃自身生命选择保全本体想要保护的人或事。这种献身的方式一般是要求所保护的利益要大于自身所放弃的利益，并且这种独立意志下献身在中国的历史中也大量存在，其中不乏体现中华民族精神，为中华文化创造了可歌可泣的史诗。例如，董存瑞舍身炸碉堡，董存瑞认为牺牲个人的生命换取革命的胜利是正当的，是为了民族大义。如果生命权即便是本体在有限的情形下也没有权利进行选择，那么是有所欠缺的，也是不符合在特定环境下的社会情况的。

当然，此处讨论的献身问题首先要注意是要求当事人在自主选择的情形下放弃生命的权利，而不是在被迫或者受到其他因素导致其放弃生命利益。例如，刘胡兰惨死在敌人的铡刀下，这是敌人在威胁刘胡兰未果的情况下采取的犯罪行为，侵犯了刘胡兰的生命权，不能够认为是人格权的有限生命利益支配权献身问题。再比如，紧急避险问题也不是有限选择生命利益献身，因为紧急避险是他人意志决定的，是在他人认为紧急情况存在的状态下，需要选择最小利益损失而采取的行为，不是涉及生命法益的当事人自主决定的。

当前，我国提倡人们实行见义勇为，弘扬中华民族传统道德精神。法律是成文的道德，道德是内心的法律。法律无法规定社会生活的方方面面，需要用道德约束人们之间的行为。同样，法律无法也不能强制要求个人为了社会、为了他人而放弃某个或多个个体的生命。对于享有特定身份的人则要求其有救助的义务，例如，消防员有消除火灾险情的义务，医护人员有救治的义务，如果没有履行相应的义务，导致相应的损害后果，需要承担相应的侵权责任，对于因不作为的行为造成被救助者死亡，则可能构成不作为犯罪。对于因见义勇为而造成的被救助者的损失，一般不承担责任，这也是在一定程度上保护施救者的利益，有利于见义勇为风气的弘扬。

（二）安乐死问题

安乐死（Euthanasia）一语源自于希腊语"美丽的花"，又称安乐术，或称怜杀。[1]安乐死问题，在民法和刑法中都有许多争议，不同国家的学者也有不同的学说，不同国家对于安乐死问题也持有不同的态度。安乐死问题涉及社会利益、道德、法律等诸多问题。支持安乐死的人认为，实施安乐死可以减少当事人的痛苦，节约资源，减少浪费，并且决定个人的生命是自己，而不是社会或他人。否定安乐死的人认为，实施安乐死会造成医疗事业的停滞，是对人类文明的一种亵渎，是一种变相杀人的行为。

---

1 包瑜，国惠霞. 安乐死与公民生命权的保障[J]. 法制与社会，2008(13)：244～246.

在我国，对于安乐死行为，我国学者普遍赞成有条件的安乐死。即我国安乐死的要求是病人身患绝症处于末期时因不能够忍受病痛的折磨，在医务部门准许的情况下自愿放弃生命，并对生命延续时期采用外力手段停止的行为。首先，要求病患在身患绝症的末期。绝症是指当代医疗水平无法治愈的病症，末期是指病患濒于死亡时期。其次，不能够忍受病痛的折磨，是指病患因疾病所带来的痛苦而给病患本人造成肉体和精神上的打击，对病患来说，死亡更是一种解脱。再次，要求病患在有意识的情况下主动提出。病患家属及相关利益人都无权决定病患的生命，只有权利人才有权决定自己的生命利益。因此，对出生时是畸形的婴儿和对植物人实施安乐死都是侵犯法益的一种行为，不能够认为是我国法律所允许的安乐死。最后，提出结束生命的请求要求经过医务部门的同意。医务部门的同意，是需要细致考量后才能做出的，毕竟人的生命只有一次，做出安乐死行为后无法逆转，因此，不能简单通过主治医生决定就得以实施，其他任何人或组织更是无权实施结束他人生命的行为。

对于采取安乐死的医疗机构和医生，不承担刑事责任以及民事责任。因为无论机构还是医生个人，都是按照严格的程序和标准进行的，在这种情况下实施安乐死是合法的。正如学者提出的那样："赛车、拳击、漂流、登山等运动，都是危险性极高的竞赛项目，自古以来，已有不计其数的运动员在这些体育运动中丧失性命。在这些体育竞赛之前，运动员实际上已经把生命权和健康权交了出来，做出了因竞赛伤亡而不追究他人责任的承诺。既然在运动场上运动员可以处置自己的生命和健康，那么为什么身患绝症的人就不能处置自己的生命呢？"[1]

---

1 赵秉志，张智辉，王勇.中国刑法的运用与完善[M].北京：法律出版社，1989：377.

三、司法保护请求权

生命权的司法保护请求权，是指通过对司法机关进行请求，以达到消除危险的结果。最高人民法院《关于贯彻执行〈民法通则〉若干问题的意见（试行）》第一百五十四条规定："从事高度危险作业，没有按有关规定采取必要的安全措施，严重威胁他人人身、财产安全的，人民法院应当根据他人的要求，责令作业人消除危险。"第一百六十二条规定：在诉讼中遇有需要消除危险的情况时，人民法院可以根据当事人的申请或者依职权先行做出裁定。在其他法律中，也有关于危及自然人生命健康权可以请求司法机关排除危险的规定。例如，我国的《海洋环境保护法》的第四十一条、《大气污染防治法》的第三十六条、《水污染防治法》的第五条等，都规定了对因污染海洋环境、大气、水资源造成自然人损害的自然人有请求排除妨害的权利。同时，根据《中华人民共和国刑法》（以下简称《刑法》）中的规定，对于危害公共安全、侵害公民的人身安全，尚未造成严重后果的犯罪行为，受危险威胁的当事人可以向公安机关进行控告，追究刑事责任，消除危险状态；对于不构成犯罪的上述行为，依照《中华人民共和国治安管理处罚条例》规定，可以要求公安机关予以行政处罚，消除危险。

请求司法机关依法救济生命损害，是生命权遭受侵害后的法律救济。侵害生命权与侵害身体权、侵害健康权的行为不同，侵害生命权以生命的丧失为唯一标准，而生命一经丧失，则主体资格消灭。因而，请求司法机关依法救济生命损害的权利，实际上是由生命权人的近亲属或继承人行使。

司法机关通过对公民的生命权进行维护，也能够体现出我国法律法规的健全。从人民百姓的角度看，体现出我国行政机关的作为，能够形成人民满意的良好社会风气，从而推动国家的法治建设。打造阳光型行政机关，不要门难进、脸难看、话难听、事难办，需要全社会的共同参与。百姓监督政府，政府提高自身素质，使各项民主权利落实到位。

第四节 侵害生命权的责任

一、侵害生命权的损害赔偿请求权主体

根据最高人民法院《人身损害赔偿司法解释》第一条第二款规定，赔偿权利人是指"因侵权行为或者其他致害原因直接遭受人身损害的受害人、依法由受害人承担扶养义务的被抚养人以及死亡受害人的近亲属"。由此可知，被侵权人的近亲属、受死者生前扶养的被扶养人、因死者的死亡而遭受精神痛苦的受害人是有权利对被侵权者的权益遭受损失的事实提出损害赔偿请求权的。对于这项法的解释是有理论依据的。受害人在死亡后，可能给其近亲属、受死者生前扶养的被扶养人造成物质上和精神上的损害。我国对于"近亲属"这一概念，在《民法总则》中规定，近亲属包括配偶、父母、子女、兄弟姐妹、祖父母、外祖父母、孙子女、外孙子女。笔者认为，请求赔偿的顺序应当分为两层，第一层次为配偶、父母、子女，第二层次为兄弟姐妹、祖父母、外祖父母、孙子女、外孙子女。之所以按照该顺序提出赔偿请求，是因为一般情况下，第一层次中的利益相关人在物质上和精神上受到的冲击要大于第二层次中的利益相关人。对于较为宽泛的提出赔偿请求权的近亲属，按照一定的层次进行赔偿，有利于将相关人的损失降低到最小，在一定程度上也避免不必要的纷争。

二、侵害生命权民事责任的构成要件

（一）过错行为

侵害生命权，首先要有一个过错行为。这种过错行为可以是行为人主

观上的故意，也可以是过失。在一般情况下，侵害他人的生命权，不仅是民法上的一种侵权行为，也构成刑法中的犯罪。例如，故意杀人的行为不仅侵害了他人的生命权益，也造成了社会不安定因素的增加，非法剥夺他人生命，构成故意杀人罪。

对于负有责任的特定人员，如果没有行使自身应尽的义务，也构成侵权。例如，《中华人民共和国道路交通安全法》第七十五条规定："医疗机构对交通事故中的受伤人员应当及时抢救，不得因抢救费用未及时支付而拖延救治。"在事故中因未及时缴纳费用而延缓救治伤员的医疗机构将构成侵害生命权的行为。

（二）损害结果

侵犯生命权的损害结果就是自然人生命的丧失。如果自然人的生命并没有被终结，仅是身体或者是健康上的损失，那么，并不能被认为是生命权受到侵害，仅能认为是身体权或者是健康权受到损失。产生生命权的损害结果后，必然产生物质损失和精神上的损失。物质损失，就是指物质财物的量受到损失。例如，因为自然人死亡而支付的医疗费、丧葬费、误工费、交通费等费用。精神上的损失，是指因为受害人的死亡导致近亲属精神上受到冲击，产生极度痛苦的情感。对于受害人因为行为人的损害，在实施抢救过程中至死亡这段时间，造成的受害人近亲属的精神上的损害，也可以通过继承的方式由受害人的继承人来得到该损害赔偿金。

（三）因果关系

由于侵权行为人的过错导致被害人生命终止，那么就认为是该行为与生命权终止有因果关系。因果关系也是构成侵犯生命权的必要条件。在对因果关系进行研究时，应当考虑几个问题：第一，如果造成自然人死亡并不是因为加害人的行为最终导致的死亡，而是被害人在受到不法侵害后，在死亡之前，又存在其他的介入因素。那么，这种情况的介入因素是否切断了原行为的因果链条？在此，本书认为，中间的介入因素并没有切断原因果链条。无论是原行为还是中间的介入因素，都是对结果的发生产生相关性。因此，应当承担相应的民事责任和刑事责任。第二，不作为问题导致的因果关系。在此，认为如果当事人对于该受害者即便是行使了相应的作为义务，也不会改变原来既定发生的情形，那么，就不能认为该不作为的行为与受害者死亡的结果具有因果关系。

三、侵害生命权的民事责任

侵害生命权，以受害人死亡为其结果。受害人既已死亡，该损害赔偿法律关系缘何而生，理论解释有不同的主张。

一是"民事权利能力转化说"。认为自然人死亡是其民事权利能力终止的法律事实，这两件事实是同时发生的。但民事权利能力由存在到不存在，有一个转化的过程，在这个转化的过程中，产生损害赔偿请求权。

二是"加害人赔偿义务说"。认为加害人的赔偿义务，不因被害人死亡而消灭，所以被害人所受赔偿当然由其继承人继承。

三是"同一人格代位说"。认为继承人与被继承人二者的人格在纵的方面相连接，而为同一人格，故被害人因生命侵害而生的赔偿请求权，可由其继承人取得。

四是"间隙取得请求权说"。认为被害人从受致命伤到其生命丧失之时，理论上总有一个或长或短的间隙，在这个间隙中，被害人是有民事权利能力的，故可取得损害赔偿请求权。

在以上各种学说中，多数学者采用间隙取得请求权的主张。

这些学说有一个共同点，就是都认为侵害生命权的损害赔偿请求权存在一个继承的问题，即侵害生命权的受害人享有损害赔偿请求权（或地位），在其死亡之后，由其继承人继承。这就忽视了一个客观的事实——在侵害生命权的法律关系中，实际上存在双重直接受害人。

所谓双重直接受害人，是指侵害生命权的行为，既造成了生命权人生命丧失的损害事实，又造成了生命权人的近亲属的财产损失和精神痛苦的损害事实。生命丧失的直接受害人是死者，而财产损失和精神痛苦的受害人则是死者的近亲属。这两种受害人均为侵害生命权的直接受害人，因而均产生了损害赔偿请求权，并非继承取得。双重直接受害人理论在解决生命权法律救济时，根据更为充分。

每个人的生命只有一次。因此，侵犯生命权与侵犯身体权或者健康权不同，在该权利受到侵犯后，完全不具有修复性。因此，通常在生命权受到侵犯时，都会和刑事责任相联系。侵犯生命权的行为可以是故意，也可以是过失，因而构成刑事犯罪中的故意杀人罪或者过失致人死亡罪。在现实生活中，经常以刑事附带民事诉讼的形式来承担该权利被侵害的责任。然而，在现实生活中，往往会存在这样一种情况：虽然行为人已经构成了侵犯被害人的生命的行为，并且造成了死亡的结果发生，但是不构成刑事责任。那么，这种情况下，应该独立考量民事责任问题。

对侵害生命权的财产损害赔偿，主要包括医疗费、护理费、误工费、住院期间生活补助费、交通费和住宿费、丧葬费、被抚养人生活费、死亡赔偿金等费用的赔偿。丧葬费的赔偿标准是按照最高人民法院《关于审理人身损害赔偿案件适用法律若干问题的解释》第二十七条第三款的规定执行的，即"丧葬费按照受诉法院所在地上一年度职工月平均工资标准，以六个月总额计算"。死亡赔偿金则是根据最高人民法院《关于审理人身损害赔偿案件适用法律若干问题的解释》第二十九条的规定："死亡赔偿金按照受诉法院所在地上一年度城镇居民人均可支配收入或者农村居民人均纯收入标准，按二十年计算。但六十周岁以上的，年龄每增加一岁减少一年；七十五周岁以上的，按五年计算。"

对于侵害生命权的精神损害赔偿，在上文的侵害生命权民事责任的构成要件中的"损害结果"部分已经提到。精神损害赔偿主要包括两个部分：第一部分是在受害人受害后至死亡之前这段时间所产生的精神损害痛苦。在国外，例如在法国和德国，都对受害人所遭受的精神痛苦予以赔偿。但在我国，由于这部分的精神痛苦程度如何，很难度量，因此，我国在司法实践中并没有将这部分作为考察对象。在现实实践中，也不宜将这部分的精神损害作为赔偿的一部分。第二部分是在上文中提到的，即受害人的近亲属、受死者生前扶养的被扶养人、因死者的死亡而遭受精神痛苦的受害人等间接受害人。

第五节　我国对生命权的法律保护

一、我国对生命权保护的现状研究

当前关于生命权保护，我国的现行法律有如下内容。

（一）我国刑法关于生命权的规定

《刑法》第二十条规定："为了使国家、公共利益、本人或者他人的人身、财产和其他权利免受正在进行的不法侵害，而采取的制止不法侵害的行为，对不法侵害人造成损害的，属于正当防卫，不负刑事责任。正当防卫明显超过必要限度造成重大损害的，应当负刑事责任，但是应当减轻或者免除处罚。对正在进行行凶、杀人、抢劫、强奸、绑架，以及其他严重危及人身安全的暴力犯罪，采取防卫行为，造成不法侵害人伤亡的，不属于防卫过当，不负刑事责任。"在正当防卫中，致人死亡属于一个抗辩事由，行为人不应当受到刑事追究，生命权也因此不会受到剥夺。

《刑法》第二十一条规定："为了使国家、公共利益、本人或者他人的人身、财产和其他权利免受正在发生的危险，不得已采取的紧急避险行为，造成损害的，不负刑事责任。"紧急避险这一制度，体现了我国刑法在肯定紧急避险属排除犯罪性行为时，也认为"紧急避险超过必要限度造成不应有的损害的，应当负刑事责任，但是应当减轻或者免除处罚"，即"超过必要限度"不成为"不负刑事责任"的理由。"超过必要限度"通常是指避险过当。而避险过当在实际案件中极其复杂，关系到当事人罪与非罪的判断，故又更为重要。所以在判断时，应当谨慎。

我国《刑法》规定了故意杀人罪和过失致人死亡罪：《刑法》第二百三十二条规定："故意杀人的，处死刑、无期徒刑或者十年以上有期徒刑；情节较轻的，处三年以上十年以下有期徒刑。"第二百三十三条规定："过失致人死亡的，处三年以上七年以下有期徒刑；情节较轻的，处三年以下有期徒刑。"

（二）我国刑事诉讼法关于生命权保护的规定

刑事诉讼法对生命权的保护主要体现在对死刑的程序控制上。

1. 对审判管辖的级别进行规定

《中华人民共和国刑事诉讼法》（以下简称《刑事诉讼法》）第二十条第二款规定，可能判处无期徒刑、死刑的普通刑事案件，由中级人民法院管辖。因此，基层人民法院无权审理可能判处无期徒刑、死刑的普通刑事案件。

2. 对核准程序进行特殊的设置

我国刑事审判实行的是二审终审制，普通刑事案件经一审判决后，需经过第二级法院的审理、做出判决以后，刑事诉讼程序终结，二审裁判是生效裁判；一审的判决生效，应是在没有超过上诉或抗诉、经过法定上诉（抗诉）期限。但死刑判决、裁定的生效需要经过特别的核准程序。根据《刑事诉讼法》第一百九十九条的规定，我们可知："死刑由最高人民法院核准。"第二百零一条规定："中级人民法院判处死刑缓期二年执行的案件，由高级人民法院核准。"

3. 对被告人进行特别权利保障

《刑事诉讼法》第三十四条第三款规定："被告人可能被判处死刑而没有委托辩护人的，人民法院应当指定承担法律援助义务的律师为其提供辩护。"在 1998 年，最高人民法院《关于执行中华人民共和国刑事诉讼法若干问题的解释》第三十八条规定："可能被判处死刑的被告人如拒绝为其指定的辩护人时，有正当理由的，应当准许，但人民法院（在其未另行委托辩护人时）应当为其另行指定辩护人。"在 2003 年，国务院颁布的《法律援助条例》第十二条规定："被告人可能被判处死刑而没有委托辩护人的，人民法院为被告人指定辩护时，法律援助机构应当提供法律援助，无须对被告人进行经济状况的审查。"

（三）我国民事、经济立法关于生命权保护的规定

《中华人民共和国民法总则》第一百一十条规定："自然人享有生命权、身体权、健康权、姓名权、肖像权、名誉权、荣誉权、隐私权、婚姻自主权等权利。法人、非法人组织享有名称权、名誉权、荣誉权等权利。"

《中华人民共和国民法通则》第一百一十九条规定："侵害公民身体……造成死亡的，应当支付丧葬费、死者生前扶养的人必要的生活费等费用。"

《中华人民共和国消费者权益保护法》第四十二条规定："经营者提供商品或者服务，造成消费者或者其他受害人死亡的，应当支付丧葬费、死亡赔偿金，以及由死者生前扶养的人所必需的生活费等费用；构成犯罪的，依法追究刑事责任。"《中华人民共和国产品质量法》第四十四条规定："因产品存在缺陷造成受害人人身伤害的，侵害人应当赔偿医疗费、治疗期间的护理费、因误工减少的收入等费用；……造成受害人死亡的，

应当支付丧葬费、死亡赔偿金，以及由死者生前扶养的人所必需的生活费等费用。"

（四）我国行政立法中关于生命权保护的规定

《中华人民共和国国家赔偿法》第二十七条规定："侵犯公民生命健康权的，赔偿金按照下列规定计算……"

《中华人民共和国道路交通安全法》第七十条规定："在道路上发生交通事故，车辆驾驶人应当立即停车，保护现场；造成人身伤亡的，车辆驾驶人应当立即抢救受伤人员，并迅速报告执勤的交通警察或者公安机关交通管理部门。"第七十五条规定："机动车发生交通事故造成人身伤亡、财产损失的，由保险公司在机动车第三者责任强制保险责任限额范围内予以赔偿。"

中华人民共和国国务院《医疗事故处理条例》第五十条规定："医疗事故赔偿，按照下列项目和标准计算……"

中华人民共和国国务院《国内航空运输旅客身体损害赔偿暂行规定》第六条规定："承运人按照本规定应当承担赔偿责任的，对每名旅客的最高赔偿金额为人民币七万元。"

（五）司法解释关于生命权的法律保护

虽然我国的司法解释并不是法律，但在对生命权的保护上，司法解释具有重要意义，发挥着重要作用。关于生命权法律保护的司法解释主要有：《最高人民法院关于审理触电人身损害赔偿案件若干问题的解释》《最高人民法院关于审理涉外海上人身伤亡案件损害赔偿的具体办法（试行）》《最高人民法院关于确定民事侵权精神损害赔偿责任若干问题的解释》《最高人民法院关于审理人身损害赔偿案件适用法律若干问题的解释》等。

二、我国对生命权法律保护的缺陷及对策

我国关于生命权法律保护存在的缺陷很多，主要体现在以下几点。

（一）宪法对生命权的规定不明确

生命权是个人一切权利的载体。人的一切权利始于出生，终于死亡。因此，生命权在所有权利中，是一项最基础的、最原始的权利。生命丧失，自然人便不再称为"自然人"，其他权利也一起消失殆尽。因此，生命权与其他权利相比，具有至上性，对于个人来说，意义特别重大。但从我国现行宪法的规定来看，生命权是一项隐含权利，在宪法条文中无法找到相关生命权的规定。这就造成了两个后果：第一，刑法、民法、行政法等法律都规定了生命权，而作为普通法律的依据和基础的根本大法的宪法却没有规定。显然宪法已经落后于部门法，导致宪法不能有效地指导部门法。第二，公民对生命权没有足够重视。每年因事故造成死亡的人数众多，而其中的事故大都属于责任事故。不把问题落到实处，就不能真正解决问题，还会造成更多的事故发生。提高公民的思想意识势在必行。

（二）法律执行中对生命权的保护不力

1. 刑法执行上的问题

公安机关权力滥用，仍存在刑讯逼供的现象，严重侵犯当事人的人身权、生命权。监狱存在以犯人管理犯人的现象，对罪犯的人身权、生命权造成侵犯。

2. 民法、行政法执行上的问题

涉及生命权的民事、行政案件执行难。"执行难"问题普遍存在于我国法院执行中。这其中的成因有执法程序的缺陷、执行环境的弊端、监督机构的缺失等多方面。

（三）部门法之间缺乏足够的衔接性

有关于生命权的法律法规还没有形成相应的体系，相互之间的衔接仍然存在问题。例如，在刑法中，侵犯公民的生命是犯罪行为，但许多是以结果为要件。也就是说，是否出现严重后果为罪与非罪的界限。例如，医疗事故责任罪中要求"严重不负责任"，"造成就诊人死亡或严重损害就诊人人身健康"。而对于这种情况，就诊人的损害应该获得怎样的救济，在民法中都没有明确之规定。除此之外，对生命科技活动的立法也还只是采用行政法律规制这样的一种形式。在相关的民商事立法和刑事立法领域，没有多少具体规定。例如，我国刑法迄今为止尚未规定生命科技犯罪，而民商法到目前为止也还未针对基因等问题的法律性质做出明确定性。由于部门法之间所规定的衔接性问题，使公民因为死亡的情形不同，导致不同赔偿结果，这无疑会加剧当事人利益相关人的不稳定，不利于社会的和谐稳定。

那么，对于上述的问题，在此提出完善生命权法律保护的对策：首先，要将生命权入宪。从前文分析中，我们可以看出，我国宪法并没有对生命权进行明确规定，且对生命权的规定只是在民法、刑法、行政法等基本法律层次中，这与生命权是自然人的最基本权利的地位不相匹配。因此，要将生命权入宪。其次，需要建立统一的赔偿制度。司法实践中出现赔偿不公现象，其原因是法律规定的不统一。要克服实践当中的赔偿数额不一等相关问题，必须建立统一的赔偿制度。国家立法机关应当在立法中制定出统一完善的赔偿制度，建立科学的赔偿体系。各部门法应当根据已建立的赔偿基本制度为基准，设定符合具体案件要求的赔偿标准。最后，要树立科学的思想意识和维权保护意识，推动国家司法保护的进程，从而建设一个法治国家。将法治建设落到实处，不是纸上谈兵，需要我们每一位公民的努力，需要我们每一位公民的参与。

第八章　健康权

第一节　健康与健康权

一、健康

健康是指躯体健康、心理健康、社会适应性良好的状态。其中，躯体健康是指肠胃消化吸收能力强，人体各器官功能良好且无疾病、逻辑思维能力强、有良好的睡眠质量，以及对一般流感和病毒的抵抗能力；心理健康是指自尊自强、自立自强、有良好的学习工作能力、有独立的人生观、价值观、世界观；社会适应性良好是指能积极应对外界复杂多变的环境、有良好的人际交往能力。

对健康概念怎样界定，有以下不同的主张。

一是"生理健康说"。认为健康者系生理之机能，不包括心理之机能，健康即人体生理机能的一般完善状况。

二是"肉体精神健康说"。认为健康既包括肉体上的健康，也包括精神上的功能完好，"不独肉体上健康之侵害，精神上健康之侵害，即引起精神系统致病的状态，亦为健康权之侵害"。

三是"生理心理健康说"。认为健康是指身体的生理机能的正常运转和心理状态的良好状态，包括生理健康和心理健康。侵害生理健康，就是指受害人生理机能发生不良状态，不能正常运转，甚至引起某些生理机能的丧失；侵害心理健康，其后果是造成受害人心理上的痛苦。

上述"生理健康说"与"肉体精神健康说"的基本含义是一样的，因为所谓精神健康指的是神经系统的状况受到损害引起精神系统之病，仍然是生理健康受到的损害，肉体健康和精神健康都是指人体机能的正常运作。

二、健康权

（一）主体——自然人

健康权和生命权相同，一般来说也只属于自然人。健康是指身体中的健康，由于法人以及非法人组织的"人"是法律中拟定的，因此并不具有健康权。自然人拥有健康权，是为了维护自然人正常运作，去行使自身作为人而存在的权利。保证自然人的健康权，并在此基础上进行日常生活中的权利义务关系。健康权也具有专属性，与生命权相同，同样体现在健康权不能转让和继承，以及商业化中的利用，不能将健康权让渡给他人处置。

（二）客体——生理健康

民法中的健康权客体是生理健康。其实，现代医学当中的健康应该分为生理健康和心理健康。之所以不能将有精神属性的心理健康放入健康权之中，是因为健康权属于物质性人格权，所以其客体应该是指人体物质属性的内容。同时，如果将生理健康和心理健康都视为健康权的客体，就无法分别人身损害赔偿和精神损害抚慰金赔偿，给适用法律造成障碍。综上所述，健康权的客体只能是指生理健康。对于因为心理问题所造成的精神上的损害，可以依法寻求精神损害赔偿保护个人合法权益，但是不能因为侵犯健康权，寻求人身损害赔偿。

简言之，作为健康权客体的健康，是指维持人体生命活动的生理机能的正常运作和功能的完善发挥。它有两个要素，一是生理机能的正常运作，二是生理功能的完善发挥。通过这两个要素的协调一致、发挥作用，达到维持人体生命活动的最终目的。

第二节　健康权的内容

一、健康维护权

健康维护权是健康权的基本内容之一。根据 1978 年的国际初级卫生保健大会《阿拉木图宣言》："健康是基本人权，达到尽可能的健康水平，是世界范围内的一项重要社会性目标。"因此可以认为健康，不仅是作为人而言的基本内容，也能体现出社会共同的利益。

健康维护权包括两项内容：第一项是自然人保持自己健康的权利。这不仅要求自然人维持生命的运转、提高生活水平，例如，当自然人在生理上出现不正常的状态时，可以有请求医疗、接受医治的权利，使健康状况达到圆满状态或者恢复到原来的状态；在日常生活中，自然人也可以通过体育活动来提高自身的健康水平。同时，健康维护权也具有维护社会共同利益、提高人类生存质量的意义。这些权利的行使，不受任何他人的强制或干涉。

第二项内容是当自然人的健康权受到不法分子的侵害时，自然人可以拥有请求法律保护的权利。健康权是绝对权、对世权，任何权利主体以外的人都没有在违背权利主体意志的情况下进行侵害的权利。若有任何自然人侵犯这一权利，造成他人的健康权受损，权利主体有权依法请求不法分子承担相应的民事责任。

二、劳动能力

关于劳动能力的性质，包括两种不同的观点。第一种观点认为，劳动能力是人格权，是指自然人以其脑力和体力功能利益为内容的物质性人格权；第二种观点认为，人格利益是独立的。笔者认为，劳动能力既不是独立的人格权，也不是独立的人格利益，而是健康权的基本内容。劳动能力，是自然人依靠脑力和体力，创造物质财富和精神财富活动的一种能力。

自然人想要进行任何创造性的活动，都必须是脑力和体力的因素相结合，缺一不可。但是，现实生活中，根据劳动的性质不同，对脑力和体力的要求也有不同的侧重点。有些劳动所创造的活动更多是偏向于脑力，例如，科技工作者、教师教学等。有些劳动所创造的活动更多是偏向于体力，例如，一线服务部门的工作人员等。无论是物质财富的活动还是精神财富的活动，都必须具备劳动者、劳动工具和劳动对象这三个要素构成的生产力，这也是符合马克思主义政治经济学关于生产力的论断。劳动者作为生产力的组成部分，必须以劳动者具备劳动能力为前提。对于不具备劳动能力的人，是不能将其称为劳动者的，也不能构成生产力的一部分。

将劳动能力视为独立的人格权，没有法律法规的规定，在现实生活中也没有单独存在的必要。因此，可以说从理论上、立法上和实际需要等多个角度来说，都不能将劳动能力视为独立的人格权。

三、健康支配权

在人格权中，各项人格权均有人格利益的支配权。健康权也不例外。在实务中，部分人认为，健康权并不具有支配权，原因是自然人不能对其健康进行随意的支配。但是，这是不符合现实的。例如，锻炼身体的行为，就是健康支配权的主要体现。锻炼身体不仅可以增强自身健康水平，对个人来说，还能提高生活质量。

还需要说明的是，对于强制治疗和戒毒等需要强制性改善自然人健康状态的行政行为，并不是对权利主体的健康支配权进行干涉和侵犯。对这些需要强制治疗和戒毒的自然人，这不仅是对社会公民个人健康、对权利主体的一种法律保护，而且对整个社会环境来说，这也是保证社会安定有序发展的必要手段，从而实现社会公共利益的最大化。因此，对于强制治疗的，例如性病、麻风病等恶性传染病患者和戒毒等需要强制性改善的自然人，不得主张侵权行为。对于放弃健康的患者是否可以给予强制治疗，现行立法没有规定，但从人道主义立场出发，对拒绝接受治疗的严重病人，进行强制性治疗也是适宜的。

第三节　健康权比较研究

一、大陆法系国家对健康权保护的相关立法

从中世纪开始，直至 20 世纪前期，由于没有明确的健康权地位问题，因此，并没有提出相应的健康权概念。西方资本主义启蒙思想的发展，推动了"天赋人权"学说的兴起。天赋人权的概念认为人权是天赋的。但即便在这种情况下，也并没有完全明确健康权是天赋的。对于健康权的法律保护目的，也仅仅是为了适应社会发展的需要，并不存在明确地针对个人健康问题的保护目的。换句话说，维护健康权实质上是维护社会发展和稳定。而这对政府来说，是一种公权力的行使，不是作为权力机关对公民的责任保护。虽然，此阶段的健康权问题仍然模糊不清，但是它犹如星星之火，为"二战"之后健康权的法律保护问题打下了坚实的基础。

真正开始对健康的法律问题加以关注和发展要到了"二战"以后。在此期间，大多数国家通过宪法或其他法律，用这种方式明确地将公民的健

康权保护问题公之于众，并为了能够更有效地进行保护出台了许多相关规定。例如，在劳动保护方面，各国制定了《职业安全卫生法》；在生殖生育方面，制定了《优生法》；除此之外，还有例如《传染病防治法》《卫生检疫法》等，都在不断修改，并加以完善。

可以在此强调的是，环境立法也达到了鼎盛的时期。日本在环境立法方面是进行得较早的国家。日本在公害健康受害补偿制度和公害行政诉讼制度方面的研究都走在了世界的前列。日本出台的立法有《公害对策基本法》《公害纷争处理法》《水质污染防止法》《自然环境保全法》《公害健康被害补偿法》等。另外，法国在此阶段也已经出台了《公共卫生法》。

除了上述我们谈到的关于环境立法方面的突出建树，日本还制定了《药剂师法》《医师法》《国民医疗法》《医务工作条例》等卫生和医药相关法律。

《德国民法典》第八百四十三条也规定："因侵害他人身体或健康以致被害人因此丧失或减少劳动能力，或增加生活上的需要者，对被害人应以支付金钱定期金，给予损害赔偿。"

二、英美法系国家对健康权保护的相关立法

从 19 世纪开始，伴随着工业革命、资本主义的发展，在提高生产力的同时，也造成了财富分配的失衡、贫富差距的加大。因此，经济的发展反倒凸显出贫民窟问题的加剧。贫民窟环境问题让人堪忧：在狭小的空间内人口众多，垃圾不能够及时处理，贫穷导致营养不良，没有良好的科学意识，等等。这其中尤其是贫民窟的卫生问题严重。因此，国家在不得已的情况下，制定了专门性的卫生法律法规。例如，英国的《学徒健康与道德法》《消除污染物与预防疾病法》《澡堂与洗衣房法》《卫生法》《药品食品法》等；美国的《都会保健法案》《全国检疫法》等，都是通过对卫生问题加以约束，变相对公民的健康问题加以保护。

到了 20 世纪前期，西方发达国家又相继出台了一些医药类型的专门

法典。此处以美国为例。美国出台了《生物制品法》《纯净食品与药物法》《联邦麻醉剂法令》等。在1998年，美国政府更是专门成立了"总统食品安全管理委员会"，以方便协调美国的食品安全工作。进入21世纪，美国还专门编纂了一部《美国卫生法律和政策法规》。这部法规将美国的卫生法规与个案法收入其中，篇幅达到了141章。这部法规涉及的内容广泛，既包括健康权保护的直接方面，如卫生设施与检疫、医院、母婴福利与卫生，公众健康服务等，也包括了健康教育、科学研究、环境保护等内容。

三、大陆法系国家和英美法系国家对健康权保护的比较分析

通过上文我们可以看出，两大法系的国家对于健康权的立法保护有以下特点。

第一，大部分的国家以宪法和法律的形式确认了健康权为基本权利的法律地位。这其中还有一些国家确立了健康权的宪法救济制度。当前，世界上大约109个国家在宪法中确认了健康权。除此之外，还有像美国这种在宪法没有予以确认、但在其中部分州的宪法给予了确认的国家。在《德国民法典》中，虽然没有以法条的方式确认，但在损害赔偿的部分进行了确认。

第二，社会保障制度和医疗保障制度的健康权保障制度都比较完善。总的来讲，当前的西方发达国家医疗保障主要有三种形式。第一，例如英国、瑞典等国实施的国民卫生服务制度；第二，像德国、法国等国家实施的社会保险制度；第三，像美国这种实施非组织化的医疗保险管理制度。虽然，当前这三种制度都存在卫生服务的僵化、医疗费用大幅度上涨等多种问题，但是，这三种制度也基本上覆盖了全体公民，从一定程度上对公民的健康权进行了保护。

第三，国家的公共卫生制度较为健全。在英美等西方发达国家中，职能整合、应急制度、统一管理，是其公共卫生监管的显著特征之一。例如，

在美国，拥有着涉及六个部门的食品安全系统。

第四，信息公开制度较为健全。权利主体通过有效途径，获得保障权利行使的法律法规和政策、规定是确保权利得到有效保障的途径，对健康权的保护同样需要一套保护信息公开制度的法律。例如，在英国、日本等国家中，制定了《信息公开法》。而在美国，从 20 世纪 70 年代开始，也已经相继制定了《情报自由法》《联邦咨询委员会法》《阳光中的政府法》《电子情报自由法》等多部法律。

第五，涉及特殊人群的健康权问题，也能够得到相应的保护。此处对于"特殊人群"的定义，并不是我们传统认为的老人、妇女和儿童。

此处的"特殊人群"包括先期人格利益。例如，在日本民法典中，其第七百八十一条规定："胎儿在损害赔偿请求权上应视为已经出生。"瑞士、德国、意大利等都在民法典中规定了胎儿的权利。在判例法的国家，像美国、加拿大等，也以判例的形式加以确认。

第四节　侵害健康权的责任

一、侵害健康权的责任构成要件

（一）违法行为

侵害健康权，主要表现为行为人的过错行为。这种过错行为可以是行为人主观上的作为，也可以是不作为。其中，作为的方式是侵犯他人健康权的主要方式。作为就是行为人积极采取手段，侵犯被侵权者的利益，例如殴打、用污染源的水制作食物、施放毒气等多种行为。不作为的侵犯他人健康权的行为，例如《中华人民共和国侵权责任法》（以下简称《侵权责任法》）第八十六条、八十七条规定的建筑物、构筑物致人损害或者其他设施，以及建筑物等上的悬挂物、搁置物脱落致人健康损害，或者建筑物倒塌致人损害，等等。

侵害健康权的行为可以分为直接行为和间接行为。直接行为是行为人实施的行为，间接行为是行为人通过控制管理一定的设备设施而造成被侵权人的损害。例如,行为人指使动物造成他人损害就是间接侵害健康权。《侵权责任法》中第四章至第十一章都对特殊的侵权责任做了规定。对于间接行为的侵权责任，应当按照相应规定划分相应责任。

（二）损害事实

侵害健康权的损害事实一般包括三种。一是健康受到损失。二是因健康受到损失导致财产损失，例如，为能将健康恢复到原来的完满状态，需要花费的医疗费用等。三是造成精神痛苦的损害事实，造成精神痛苦的自然人包括被侵权者本人以及利益相关人。

（三）因果关系

只有违法行为与损害事实之间存在相应的因果关系，并且该因果关系在客观上能够使该行为引发损害结果，那么，就可以认为二者之间具有因果关系。在判断是否具有因果关系时，应该根据多种因素进行考量，因此判断因果关系较为复杂。例如，行为人是否具有特定身份，应履行相应的义务；公民原本的健康状况以及受损状况的程度；导致损害的原因中人为因素和自然因素的结合程度，等等。

（四）主观过错

在侵害健康权的责任构成要件中，主观过错可以是故意也可以是过失。在适用过错责任原则时，谁主张谁举证，即由被侵权人进行证明；在适用推定责任原则时，如果加害人没有过错，由加害人进行证明；在适用无过错责任原则时，并不要求有过错要件。

二、侵害健康权的民事责任

对侵害健康权的侵权性行为追究，是民法中对健康权保护的一种基本方法。其中，侵害健康权的主要责任方式有两种，即人身损害赔偿和精神损害抚慰金赔偿。当然，也包括其他责任方式，如停止侵害等。对于健康权受到的损害，侵权责任人应当赔偿医药费、误工费、护理费、交通费、住宿费、营养费等相应的费用。对于因为侵害健康权造成的劳动能力的丧失，不仅要赔偿受害人的医疗费、误工费、护理费、特殊治疗的医疗费等费用，还应当赔偿受害人的生活补助费、残疾用具费、因为残废者致残而导致的利益相关人的抚养费等费用。对于那些因为健康权受到侵犯造成精神损害的，还应当赔偿精神损害抚慰金。《中华人民共和国人身损害赔偿司法解释》第十八条规定："受害人或者死者近亲属遭受精神损害，赔偿权利人向人民法院请求赔偿精神损耗抚慰金的，适用《最高人民法院关于确定民事侵权精神损害赔偿责任若干问题的解释》予以规定。"可见，我国对于受害者及其近亲属都是享有精神损害请求权的。但同时应当注意的是，并不是所有案件的受害者近亲属都享有精神损害赔偿请求权。只有确实是当事人近亲属在精神上受到的冲击达到一定的程度时，才能够行使该项权利。

第九章　身体权

第一节　身体权概述

一、身体权概念

（一）语义学之身体

身体，是指"一个人或一个动物的生理组织的整体"，即"人和动物的躯体"。人和动物的生理组织的整体是躯体，都可以称为身体。汉语中的身体，人和动物的躯体都是身体。英语中的 body 专指人的身体，或者可以译为人之肉体。

法学意义上的身体，专指自然人的身体，是指自然人的生理组织的整体，即躯体。身体包括两部分，一是主体部分，二是附属部分。主体部分是人的头颅、躯干、肢体的总体构成，包括肢体、器官和其他组织，是身体的基本内容。附属部分，如毛发、体液、指（趾）甲等附着于身体的其他人体组织。身体虽然由头颅、肢体、器官、其他组织，以及附属部分所构成，但它是一个整体。身体具有完整性和完全性的基本特征。破坏了身体的完整性和完全性，就破坏了身体的有机构成。

研究身体概念，需要注意的问题是：第一，随着现代医学科学的发展，人类对自身身体的认识不断发展，目前可以做多种器官和其他人体组织的移植手术。最简单的如输血、植皮，复杂的如肾脏移植、心脏移植、角膜移植等。移植以后的器官和其他人体组织与受移植人成为一体的，即成功的移植，应为受移植人身体的组成部分，他人不能再主张这些器官、组织的身体权。值得思考的是，当移植的他人的器官是非法取得的时候，受移植人是否能够主张该种身体权？也就是说，当器官的来源没有合法基础的时候，是否能引起恢复原状、赔偿损失等民事责任？鉴于身体器官的特殊性，建议能够恢复原状的，应该先恢复原状，不能恢复原状的，应该采用损害赔偿的方法，适当增加赔偿数额。

第二，镶装、配置的人工制作的残缺身体部分的代替物，如假肢、假牙、假眼、人工心脏瓣膜、助听器等，能否作为身体的组成部分，应当区别情况对待。对此，已构成身体不可分割的组成部分的，应属于身体，可以自由装卸的则不属于身体。这是一个较准确的标准，但还不够，还应对自由装卸加以限制，即虽可以自由装卸，但如需专业医学人员依照严格的医学操作规程进行，否则会造成健康损害或生命丧失的人工装置，应视为身体的组成部分。因而，自由装卸是指普通人可以自由装卸，而非指专业人员的自由装卸。

（二）法律中身体权概念

我国学术界对于身体权的定义：身体权，是自然人为了维护其身体完全性，并在主观意志支配下，对其肢体、器官和其他组织进行一系列行为的一项具体人格权。身体权的内容主要包括保持身体完整权和身体合理支配权。当前，民法学中仍将身体权的定义范围倾向于强调其作为一种人格权，用以凸显权利主体，维护其身体完整性。因此，有部分学者观点认为，我国身体权，仅仅是司法解释中的权利而不是法定的权利。这其实是不够科学的。从《中华人民共和国宪法》（以下简称《宪法》）第三十七条第二款的规定"禁止非法搜查公民身体"可以看出，虽然没有直接界定身体权的概念，但也明确体现了身体权的内涵。《民法通则》第一百一十九条规定："侵害公民身体造成伤害"，应承担民事责任。最高人民法院在《关于贯彻执行〈民法通则〉若干问题的意见（试行）》第一百四十六条和第一百四十七条两次提到"侵害他人身体"。2017 年 3 月，全国人大通过的《中华人民共和国民法总则》第一百一十条也明确了"身体权"这一权利。可以看出，在维护权利主体的身体不受到侵犯的同时，法律也保障权利主体拥有身体处置的自由。从宪法到民法，直到司法解释，都明文提到"公民身体"，给确认身体权为独立的民事权利提供了直接的法律依据。

二、身体权特征

第一，身体权的主体是自然人，并且，只有作为民事主体的自然人才能享有身体权。不论人格拟制说，还是法人实在说，或者折中说，作为拟制"人"的法人是不享有身体权的。同时，由于我国法律保护先期利益和延续利益，因此，未出生的胎儿的身体和死者的遗体、遗骨也可以受法律保护。

第二，身体权的客体是自然人的身体及其利益。自然人的任何法律行为都是基于身体机能的运作，如果离开了身体，人作为"人"的根本价值就不复存在，那么，何谈自然人的任何权利？即便是作为人的第一位重要的人格权——生命权，也是将身体作为生命的物质载体，失去身体，生命也不存在。另外，对于任何外界破坏自然人身体完整性的行为，都是构成对自然人身体权的侵害。因此，维护自然人身体的健康利益、保证其能够正常运转，是十分必要的。

第三，身体权在内容上主要表现为对其肢体、器官和其他组织进行一系列行为的支配。例如，殴打、非法搜查、侵扰等方式，都是侵害身体权的行为；自然人有权决定生前如何处置自身组织和器官，也有权处置自身死后的遗体，自然人有权拒绝克隆自己的要求等。

此处需要说明的是，在传统理论中，只承认身体完整性不得破坏，不认为身体权包含自然人对自己肢体、器官和其他组织的支配权，不得将身体的组成部分予以转让。但是，在现代社会理论中，已经认为可以将属于自然人自己身体的组织和器官转让给他人。并且，由此可以看出身体权具有排他性和专属性。身体权属于物质性人格权，身体只能由身体者支配，任何人都无权进行干涉。其不同于所有权。身体权和所有权同为支配权，但其支配的并非同一种客体。所有权支配的是物，身体权支配的却是自身的物质性人格要素。它的客体，仍然是自然人的人格利益。正如学者指出的那样："人格权乃以与人之存在及活动有不可分离关系之利益，即所谓人的利益为内容，而身体为最有此种关系之利益，故应解身体权为人格权之一种，且解其为所有权，则系以自己身体为物界之一部分，亦甚反于一般社会观念。"对于非法侵犯他人身体的行为，都应受到法律的追究。侵害身体权、未造成严重后果的，根据情形，可以判令侵权人停止侵害、恢复名誉、消除影响、赔礼道歉。对于行为人采取殴打、非法搜查等手段侵害他人身体的，受害人可以请求精神损害赔偿。

第二节　身体权的内容

一、保持身体完整权

保持身体完整权是指自然人对本人身体的完整性，享有保持的权利，禁止任何人破坏其身体的完整性。关于"身体的完整性"（Bodily Integrity），国内外学者对其的含义范围无统一界定。笔者认为，身体的完整性指身体的物理性完整。因此可以认为，对身体权的侵害必须是对肢体、器官和其他身体组织的完整性的损害。例如，非法剪人长发、非法切除他人的身体器官、不当手术致他人身体部位受损、未尽安全保障义务致他人身体受到伤害等，均属于侵害身体权的行为。在德国、荷兰、丹麦、奥地利等国家，还普遍承认违背妇女意愿使其怀孕也构成对身体权的侵害。例如，对男方实施绝育手术后，在没有告知有可能继续怀孕的情况下造成女子意外怀孕。

当身体权存在被侵害或有潜在被侵害情况发生时，权利人有权采取自助或自卫等措施，保持身体完整，排除他人造成的现实紧迫的危险。同时，权利人也有权主张停止侵害、排除妨害、消除危险等身体权请求权。

二、身体合理支配权

身体合理支配权，是指权利人在法定范围内对身体完整性所享有的处分权。身体合理支配权主要体现在以下几方面。（1）因检查、治疗目的，而对身体的合理支配。例如，抽血、麻醉、手术等。（2）对身体外观状态的合理支配。例如，整容、抽脂等。（3）利他情况下，捐献人体器官组织。既包括自然人生前器官捐献，例如，自然人在不损伤身体的基础上，可以捐献血液、精子、皮肤组织等；也包括自然人死亡后的器官捐献。例如，约定死后将其遗体或眼角膜捐献给医疗相关机构，用于医学研究或为他人救治疾病。捐献行为尽管造成身体完整性的欠缺，但其结果却是一种利他、慈善的行为，是一种高尚的情操。所以，捐献行为是法律和道德所支持的。但是，对于那些以盈利为目的处分身体的行为，是不被法律所支持的。例如，以自己的肾脏换取资金用以购买手机等行为。对于未成年人，自己将身体器官处分给他人也是不被法律所允许的，并且交易相对人已经构成刑事违法行为。同时，随着器官移植技术的发达，人体器官组织成为稀缺资源，甚至当前市场上存在供给小于需求的情况。这种情况也造成一些不法分子形成地下市场进行交易，非法买卖人体器官组织，甚至通过诱骗等多种形式拐卖未成年人及妇女，以获取人体器官。这些行为严重危及社会的稳定安全，因此，我国不仅要在民法中对于损害赔偿标准加以规定，同时，也要加大刑事犯罪的侦察和打击力度，严厉惩治犯罪分子，减少危害的发生。

第三节　身体权的比较研究

一、大陆法系国家对身体权保护的相关立法

大陆法系国家对于身体权的保护也出台了相关的立法。例如，《德国民法典》第八百二十三条第一款有相关的规定，"故意或过失而不法侵害他人的生命、身体、健康、自由、财产所有权或者其他权利的人，有义务向他人赔偿由此而造成的损失"。另如，《法国民法典》第三条规定，"因故意或过失不法侵害他人的生命、身体、自由、所有权或其他权利者，对被害人负损害赔偿义务"。此外，《瑞士债务法》第四十六条、《奥地利民法典》第一千三百二十五条、《日本民法》第七百一十条，都正式确认自然人的身体权。

可以看出，传统大陆法系国家对于人身伤害的内容规定更为广泛。其中，该规定包含了对生命权、身体权和健康权的侵害问题。然而，新的《欧洲侵权法原则》出台，对"人身伤害"定义的范围进行了重新划分与界定。这部原则的第十：二百零二条第一款对"人身伤害"的概念定义为："身体健康损害以及被认定为疾病的精神健康损害。"该定义和英美法系的人身伤害的概念更为接近。因此，德国侵权法学者 U. 马格努斯（Ulrich Magnus）在评注第十：三百零一条时说："该条所规定的'人身伤害'并不包括死亡，因为死亡由第十：三百零一条的第二款另行规定。而且，人身伤害包括精神伤害，但精神伤害必须按照医疗科学的标准，被诊断为一种医学承认的疾病。"霍顿·罗格斯（Horton Rogers）也在评注第十：

三百零一条时说，"人身伤害"这一法律术语往往包括死亡，但是，在第十: 三百零一条的语境下，它仅仅是指伤害。这种伤害包括被确认为疾病的精神健康损害，而不包括死亡。

二、英美法系国家对身体权保护的相关立法

在英美法系国家中，对身体权保护问题也出台了相关的立法。例如，美国的《第二次侵权法重述》第十五条规定，"人身伤害，是对他人的身体造成的肉体伤害，或者是肉体疼痛，或者是疾病"。我们举两个例子来说明该种情况下的 "人身伤害" 问题。例如， 一个人的肢体上长了一个瘤。医生建议该病人通过做手术的方式将瘤切除，但是，该患者并不同意。后来，在该患者同意做另外一个手术的时候，在没有经过该病患同意的情况下，该医生顺带将该肿瘤切除。虽然，该肿瘤被去除后没有影响到该患者的身体健康问题，甚至对该患者的身体状况产生了正面的影响。但是，从身体权的角度来看，该患者确实是遭到了人身上的伤害。该判断的原因是，在该患者本人没有同意的情况下，医生私自对肿瘤进行切除的行为，已经构成了美国侵权法上的殴打。或者说，医生的个人行为已经构成了对该患者的人身伤害。再例如，一个人在天桥上潜伏，为了吓唬路过的行人，伺机观察到一女子在天桥边上望风景，便冲上前假装做出把该女子推下天桥的行为。但其实该行为人和女子仍存有一定的距离。该女子对自己的身体安全十分担心，但是，在实际上没有受到伤害。对于这种情况，不能认为人身遭受了损害,或者说该"担心"的心理,目前医学上并不认为构成"疾病"。

另如， 英国的《1980 年时效法》（Limitation Act 1980）第三十八条第一款规定， "人身伤害包括任何的疾病和对人的肉体或精神造成的任何损害"。根据此条款， 在 1995 年的 "Walkin v. South Manchester Health Authority"案件中， 英国法院根据该法案，对不成功的绝育手术而造成的非自愿怀孕的情形，认为是构成了人身伤害。所以，可以认为，在英美法

系国家中，"人身伤害"是指对人的健康和身体完整性的侵害。

三、大陆法系国家和英美法系国家对身体权保护的比较分析

通过上文的比较，我们可以看出，在当前的两大法系中，人身伤害所涵盖的内容范围已经趋同，一般都是指对身体的完整性和身心健康上的侵害。并且，都已经不再是将伤害致死这种情况，而是将致死的情况单独列出，作为人身伤害的一个损害类型。随着时代的发展，无论是大陆法系国家还是英美法系国家，都对身体权的保护愈加重视。现今，在经济发展的同时，人身伤害问题也暴露频繁。关注人身安全问题，成为当前各国法律界的通识，这也成为衡量一个国家法律文化建设的重要组成部分。

第四节　侵害身体权的责任

一、侵害身体权的损害赔偿请求权主体

（一）被侵权人

被侵权人即法益受到侵害的当事人，有权利就侵权人的违法行为提出损害赔偿请求。根据《民法总则》第十七条规定，十八周岁以上的自然人为成年人。不满十八周岁的自然人为未成年人。第十八条规定，成年人为完全民事行为能力人，可以独立实施民事法律行为。十六周岁以上的未成年人，以自己的劳动收入为主要生活来源的，视为完全民事行为能力人。因此，对于具有完全民事行为能力的自然人，可以独立对侵权者行使权利。完全民事行为能力人也可以通过书面或者口头约定的形式形成的法律拟制的代理人。该法定代理人要按照当事人的意思表示行使被赋予的权利，不

能做出损害当事人利益的行为。

（二）被侵权人法定代理人

非完全民事行为能力人的法定代理人可以要求侵权人行使侵权损害责任。非完全民事行为能力人包括限制民事行为能力人和无民事行为能力人。

对于当事人为限制行为能力人。根据《民法总则》第十九条规定，八周岁以上的未成年人为限制民事行为能力人，实施民事法律行为由其法定代理人代理或者经其法定代理人同意、追认，但是可以独立实施纯获利益的民事法律行为或者与其年龄、智力相适应的民事法律行为。

对于无民事行为能力人，根据《民法总则》第二十条规定，不满八周岁的未成年人为无民事行为能力人，由其法定代理人代理实施民事法律行为。第二十一条规定，不能辨认自己行为的成年人为无民事行为能力人，由其法定代理人代理实施民事法律行为。八周岁以上的未成年人不能辨认自己行为的，适用前款规定。第二十二条规定，不能完全辨认自己行为的成年人为限制民事行为能力人，实施民事法律行为由其法定代理人代理或者经其法定代理人同意、追认，但是可以独立实施纯获利益的民事法律行为或者与其智力、精神健康状况相适应的民事法律行为。第二十三条规定，无民事行为能力人、限制民事行为能力人的监护人是其法定代理人。一般情况下，监护人是被监护人的父母，当当事人的父母死亡或者丧失监护能力时，由下列有监护能力的人按顺序担任监护人：（一）祖父母、外祖父母；（二）兄、姐；（三）其他愿意担任监护人的个人或者组织，但是须经未成年人住所地的居民委员会、村民委员会或者民政部门同意。无民事行为能力或者限制民事行为能力的成年人，由下列有监护能力的人按顺序担任监护人：（一）配偶；（二）父母、子女；（三）其他近亲属；（四）其他愿意担任监护人的个人或者组织，但是须经被监护人住所地的居民委员会、村民委员会或者民政部门同意。

二、侵害身体权的责任构成要件

（一）违法行为

当前，构成侵权责任的侵害身体权的行为主要有六种：第一种是以搜查的方式非法侵犯受害人的身体。《宪法》第三十七条明确规定，禁止非法搜查公民的身体。这体现出我国宪法保护公民身体的完整性。对于非法搜查的主体，可能是公安、检察院、法院，也可能是机关甚至是个人。例如，早年经常出现的公民在超市购物时，被怀疑盗窃而被商场保安搜查身体的情况，这都是非法搜查行为。第二种是对自然人的身体侵扰，使自然人身体不能够独立于个体，行使支配权、维护自己身体安全。第三种为以不破坏身体组织的方式进行殴打。第四种是以不疼痛的方式对身体组织进行破坏。例如，非法抽取血液、对可被视为身体组成部分的不能够自由装卸的假肢、假牙等进行破坏等行为。另如，某女有一头乌黑亮丽的长发，在本人未经允许的情况下，行为人私自将该女子的头发剪短，这也是侵犯该女身体权的行为。第五种是因为外科手术的不当，造成患者身体受到侵害。此处应当说明的是，医生手术不当是行为人的过失行为。如果行为人的行为是基于故意，那么，则构成刑事犯罪——故意伤害罪。第六种是损害尸体等行为，这是基于对延续人格利益的保护。

（二）损害结果

构成侵犯自然人身体权的损害结果分为直接损害结果和间接损害结果。直接损害结果主要有两种形式：第一种，是指直接造成自然人的身体完整性的破坏。这种情况主要表现为自然人身体部分与身体的主体分离，例如，人的肢体折断、体内器官与身体本体分离等情况。第二种，是指身体的器官组织受到冲击或者改变。这种情形主要表现为受到外力冲击导致身体的不适感，甚至体内器官或者组织位移等情况。间接损害结果主要表现为精神损害。精神损害主要表现为，因为受害人身体上所遭受到的痛苦导致受害的自然人本人和其近亲属的精神上的折磨。例如，自然人外在表现为精神上的悲伤或者沮丧等情形。

（三）因果关系

侵害身体权的因果关系很难进行判断。相对容易判断的是，行为人主观故意的危险行为造成他人的身体损害。这种损害可以是轻微的内在损伤，也可以是外在身体完整性的损失。不容易的判断是，如果行为人所实施的危险行为，并不是出于行为人主观上的故意，而是意外造成他人身体的受损，同时这种身体受损仅为身体的不适感，那么，这种情况下如何认定因果关系实属不易。此时，如果仅仅依据理论来判断因果关系，则过于学者化。因此，在现实生活中，判断侵害身体权的责任构成中的因果关系，需要有社会普遍的经验作为衡量的标准。

三、侵害身体权的民事责任

对自然人的身体权造成的侵害，如果是造成受害人的财产损失的，应当对受害人的财产损失进行相应的赔偿。与健康权相同，侵权责任人应当赔偿医药费、误工费、护理费、交通费、住宿费、营养费等相应的费用。对于因为侵害身体权，造成受害人的劳动能力的丧失，不仅要赔偿受害人的医疗费、误工费、护理费、特殊治疗的医疗费等费用，还应当赔偿受害人的生活补助费、残疾用具费、因为残废者致残而导致的利益相关人的抚养费等费用。并且，依照《民法通则》和《民法总则》的规定，造成医疗费、误工费损失和其他损失的，应予全部赔偿。对于自然人精神上受到的损害，主要采用精神损害抚慰金赔偿的方法进行补偿。对于难以确定损失价值的身体损害，应当参照国家对于身体权受损程度的划分标准确定赔偿数额。

对于侵害自然人身体权，没有造成伤害后果的，例如，殴打未致伤害、非法搜查身体、非法侵扰身体等行为，也应当比照相应的标准，确定赔偿的方法和范围。除此之外，受害人还可以请求加害人承担赔礼道歉、停止侵害等精神性民事责任。

第五节　身体权和生命权、健康权的比较研究

一、生命权与身体权

生命权与身体权相互依赖。生命权与身体权以对方的存在为前提。生命存在于身体之中，身体也依赖生命而表现出来。因此，生命权和身体权密不可分。但是即便如此，也不等于说，生命权与身体权是一个相同的权利，两个权利都有不同的侧重点。例如，生命权和身体权的权利客体是不同的。生命权的客体，是以人的生命安全为客体。也就是说，维护生命的正常运转，保障生命不受他人的非法侵害。身体权的客体，是人体的整体构造和维护该种构造的完整性。

同时，当生命权与身体权各自受到非法侵害时，表现得也不相同。"然身体权因创伤而受侵害，生命权则非有死亡发生，不能认为受侵害，故二者应分别视之。"生命权受到的侵害，必须是以生命的丧失为前提条件。身体权受到的侵害，表现出的形态是对身体完整性的破坏，而不是对生命延续的威胁。因此，侵犯生命权所造成的损害要严重于侵犯身体权所造成的损害。在刑法中，侵犯生命权，构成故意杀人罪或者过失致人死亡罪；侵犯身体权，构成故意或者过失致人重伤或者轻伤以上后果。因此，故意杀人罪的量刑档次要高于故意伤害罪的量刑档次。因为，侵犯生命权是剥夺他人的生命，其形态是不可逆转的；侵犯身体权，虽然身体的完整性受

到损失，但是仍然有希望通过医疗技术恢复其完整性。

二、身体权与健康权

人们在日常生活中经常说"身体健康"，并不会把"身体"和"健康"分割开来。但是，身体权与健康权的关系和生命权与身体权之间相互依赖的关系不同。这两种关系是两种独立的人格权，身体权不能为健康权所包含。从权利客体的角度来看，身体权是以身体的整体完整性为客体；而健康权的客体是自然人的健康，表现出自然人对于个人肌体功能的完全运作及其完善性。将身体权与健康权这二者相比较，前者表现出明显的自然人支配的特性，后者则没有明显的自然人支配的性质。

行为人的某一非法行为，或许侵害了权利主体的身体权，但是不等于会侵害到权利主体的健康权。例如，在未经权利主体允许的情况下，剪掉其毛发、指甲，这侵犯到了权利主体的身体权，但是健康权却不会受到损失，因为即便是没有侵权人剪掉其毛发、指甲，在现实生活中也可能会定期修剪毛发、指甲。同时，侵害他人的健康权，也不一定就会侵害到他人的身体权。例如，受到污染的空气会使吸入者的健康受到损失，致使其存在患病的可能，但是其身体外观的完整却并不会受到损失。

三、生命权与健康权

生命权，是以人的生命安全为客体。也就是说，维护生命的正常运转，保障生命不受他人的非法侵害。健康权，是自然人对于个人肌体功能的完全运作及其完善性。生命权与健康权的关系和生命权与身体权的关系相同，也是相互依赖的。生命活动的延续依赖人的健康水平，同时，人的健康水平又以人的生命运作为前提条件。但是，这两种人格权也有本质的区别。例如，健康权是以维持人体的正常生命活动为根本利益，但它不是以生命为客体，不是保护生命安全和生命价值的利益。侵害生命权的判断标准是结果，造成死亡的就是侵害生命权，没有造成死亡的，就不是侵害生命权，而是侵害健康权（或者身体权）。尽管有些行为实施的目的就是侵害健康权，但是最终造成了死亡的结果，那就应当认定为侵害生命权的行为。生命权维护的是人的生命活动的延续，而健康权则是要保护人体机能的完善性。不法分子的违法行为侵害权利主体的生命权，是使权利人的生命活动停止。而不法分子的违法行为侵害权利主体的健康权，是可通过治疗，恢复自然人的完全或者部分的健康，并不会使其生命安全受到威胁。这是生命权和健康权最大的不同点。

第三编

精神性人格权热点问题研究

第十章　姓名权

第一节　姓名权概述

一、姓名的概念

姓名是用以确定自然人独有的人身属性，并在社会活动中区别于其他自然人的文字符号和标识。姓名所标表的个体化，正是实现法律意义上权利享有者和义务承担者的同一性的基础。

姓名包括姓和名两部分。姓取"女"字旁，代表远古血缘关系，即代表以女性为核心的母系氏族社会中从属于同一女性的后代。在现代社会中，姓沿袭了这一代表个人从属于某一家族或某一特定群体的功能。与姓相比，名则具有更多的可选择性，它赋予了每个自然人独特的个人特征。姓和名的组合，既能使自然人在错综复杂的社会环境中找寻来自同一血缘的家族的认同感和归属感，又能使其在社会生活中展现独特的人格特征。

姓名的内容包括姓名本名、字、号、笔名、艺名、网名等能确定自然人同一性的文字符号和标识。如今，本名的应用最为普遍，笔名、艺名在特定领域也具有极高的辨识价值，网名随着社会发展将具有越来越重要的作用。

二、姓名权的概念

姓名权是自然人决定其姓名、使用其姓名、变更其姓名，并要求他人尊重自己姓名的一种权利。简言之，姓名权是自然人对其姓名在法律上所享有的权利。[1]

正如拉伦茨的观点，"姓名作为自然人在社会交往中的符号，能够标表个体并产生与权利主体相对应的社会关系或者法律关系，完全具有人格权的基本特征，是人作为姓名主体应该享有的权利"。[2]

姓名权具有如下法律特征。

（一）主体是自然人

《中华人民共和国民法总则》（以下简称《民法总则》）第一百一十条明确规定，自然人享有姓名权，法人、非法人组织享有名称权。如果自然人的姓名被冠于商标的使用或法人、非法人的名称使用时，原则上应运用名称权进行保护，但该名称与自然人的姓名产生不可替代的对应关系，则自然人也可主张姓名权进行保护。例如，因"乔丹案"而完善的《最高人民法院关于审理商标授权确权行政案件若干问题的规定》（以下简称《商标授权若干规定》），第二十条第一款明确规定："如果相关公众认为商标标志指代了该自然人，容易认为标记有该商标的商品系经过该自然人许可或者与该自然人存在特定联系的，人民法院应当认定该商标损害了该自然人的姓名权。"

自然人的民事权利能力到自然人死亡时止。自然人死亡后，是否享有姓名权，值得商榷。姓名权包括自然人决定其姓名、使用其姓名、变更其姓名、要求他人尊重自己姓名的权利，但是自然人死亡后，并不能行使上

1 王利明. 人格权法研究[M]. 2版. 北京：中国人民大学出版社，2012：209.
2 拉伦茨. 德国民法通论[M]. 王晓晔，等译. 北京：北京法律出版社，2004：159.

述任一权利，因此本书认为，自然人死亡后，不再享有姓名权。但是，姓名权所包括的经济利益、精神利益，并不会因为死亡而立即消失，而是具有一定的延续性。在实践中，利用已故名人的姓名谋取利益或者损害已故自然人的名声等，应转化为名誉权进行保护。

（二）客体是姓名

姓名是用于标表自己，区别他人的文字符号和标识。姓名权所保护的姓名，应是广义的姓名，包括本名、曾用名、字、号、笔名、艺名、网名等。因仅有本名需要登记，这就使得其他的别名的认定及保护具有一定的困难。《商标授权若干规定》对于以笔名、艺名、译名等特定名称来主张姓名权的，第二十条第二款规定，"该特定名称具有一定的知名度，与该自然人建立了稳定的对应关系，相关公众以其指代该自然人的，人民法院应当予以支持"。根据该规定可知，只要其他的别名能在众人知晓的范围内确定为该自然人专属，则此别名可以主张姓名权。

（三）内容包括姓名决定权、姓名使用权、姓名变更权

1.姓名决定权

姓名决定权亦称命名权，指自然人有权在法律规定的范围内依本人意愿选择姓名，不受任何人干涉的权利。姓名是广义的，自然人有权决定自己的本名、艺名、笔名等。

姓名决定权是姓名权最基本的权利，是其他姓名权内容的根源。但是在实践中，往往未成年子女的姓名决定权并非由其自身行使。根据《中华人民共和国户口登记条例》（以下简称《户口登记条例》）第七条规定："婴儿出生后一个月以内，由户主、亲属、抚养人或者邻居向婴儿常住地户口登记机关申报出生登记。"因自然人为限制民事行为能力人或无民事行为能力人，因此由父母或其监护人代为行使姓名决定权，但这不代表否定自

然人的姓名决定权，而是父母或其他监护人行使亲权的表现。自自然人成为完全民事行为能力人起，其可行使自己的姓名决定权，可通过相关法律程序，更改自己的姓名，该权利不受任何人干涉。

姓名决定权可细分为称姓权与称名权。

第一，称姓权。《中华人民共和国婚姻法》（以下简称《婚姻法》）第十四条规定："夫妻双方都有各用自己姓名的权利。"夫妻称姓权的平等已打破古时父权社会"妇随夫姓"的传统，是实现男女平等的体现。《婚姻法》第二十二条规定："子女可以随父姓，可以随母姓。"姓承载了厚重的文化含义，在古时更是视为家族的传承和血脉的延续，因此子女原则上是应在父姓和母姓中择一选择。但该条文的表述并非强制性规范，考虑到中国社会的复杂性，我国首部民法领域立法解释明确三种情形子女可不随父母姓，三种情形包括：选取其他直系长辈血亲的姓氏；因由法定扶养人以外的人扶养而选取扶养人的姓氏；有不违反公序良俗的其他正当理由等三种情形。

第二，称名权。自然人可根据自己的意愿行使自己的称名权，名所承载更多的是对自身的希冀，具有可选择性。《中华人民共和国姓名登记条例（初稿）》（以下简称《姓名登记条例》）对命名做出了一定的限制。首先，姓名登记应当使用规范的汉字和少数民族文字。姓名用字的国家标准由国务院语言文字工作部门制定。其次，除少数民族外，姓名字数的限制应在两个汉字以上，六个汉字以下。最后，姓名中不得含有损害国家或民族尊严，违背民族良俗，易引起不良反应和误解的内容；不得包含不符合规定的文字、字母、数字、符号。例如"全国姓名权第一案"赵 C 案。2006 年，赵 C 在申请第二代身份证时，遭鹰潭市公安局月湖分局拒绝，其拒绝的依据是公安部《关于启用新的常住人口登记表和居民户口簿有关事项的通知》（以下简称《通知》），该《通知》规定名字里不能有字母。赵 C 不服，于 2008 年 1 月向鹰潭市月湖区人民法院提起诉讼。鹰潭市月湖区法院一审判决原告胜诉。法院认为，《中华人民共和国民法通则》（以下简称《民法通则》）第九十九条第一款明确规定了公民享有姓名权。《居民身份证法》第四条第一款规定："居民身份证使用规范汉字和符合国家标准的数字符号填写。"赵 C 中的"C"既是英文字母，也是汉语拼音字母，是符合国家标准的符号，因此姓名"赵 C"是符合法律规定的。另外，"赵 C"已经使用了 20 多年，未给他人造成不良影响。被告应当允许原告保留现有名字，并为其换发第二代居民身份证。被告不服，提出上诉。[1]

2. 姓名使用权

姓名使用权是姓名权的基本内容之一，是自然人有权选择使用自己的姓名进行社会活动，包括选择本名、艺名、笔名等别名的自由；并有排除他人未经本人同意使用自己姓名的权利。但在特定条件下，如户籍登记簿、身份证件、护照等正式文件上则必须使用正式姓名。这并非是对姓名使用权的剥夺，而是将姓名使用权不仅视为一种权利，更视为一种义务。在正式文件和正式场合使用向户籍机关登记的正式姓名，有利于交易活动的顺利进行，规避了因姓名的多样性和可随意切换造成的风险，便于国家统一管理和权利享有者与义务承担者的确定。但在其他领域，自然人可根据需要选择使用自己的姓名。

姓名权的使用中日益普遍的是姓名权商业化，尤其是名人姓名权的商业化，表现为广告、商标、域名等。因为姓名权所具备的财产价值，所以自然人可以许可他人使用自己的姓名，将其转化为商业价值，但这不意味着姓名权可以转让。姓名权作为专属性权利，更多的是自身人格特征的表现，是不能转让的。

3. 姓名变更权

姓名变更权又称姓名改动权，是自然人在不断成长和适应社会发展的

---

[1] 2009年2月26日，双方在二审中达成和解，赵C同意变更姓名，江西省鹰潭市公安局月湖分局免费为其办理二代身份证等其他证明文件。

过程中，对原始姓名不满意，从而根据自己的愿望和喜好更改姓名的权利。原则上，姓名变更权不受任何干涉，但由于姓名在长期的使用中，已经被公众知晓，具有辨识度，因此姓名的变更要根据变更规则，经过一定的法律程序进行公示，才具有法律效力。否则，随意的变更姓名将对与他人形成的法律关系造成不稳定的影响。例如"王娜娜被冒名顶替上大学事件"[1]。王娜娜在 2003 年参加高考，由于通知书被他人冒领，误以为自己未被录取而选择打工，但在之后申请信用卡时被告知学历信息与本人不符，才得知自己被人冒名上了大学，与曾经的"齐玉苓案"如出一辙。为避免此类案件的再次发生，应严格规范姓名变更程序，加强审查。

本质上，可认为自然人的姓名决定权是通过姓名变更权来实现的。现行法律法规对于姓名变更权的限制可分为：第一，因父母离婚引起姓名的变更，最高人民法院《关于人民法院审理离婚案件处理子女抚养问题的若干具体意见》第十九条规定，父母不得因子女变更姓氏而拒付子女抚育费。父或母一方擅自将子女姓氏改为随继父或继母姓氏而引起纠纷的，应责令恢复原姓氏。父母离婚后，仍然共同行使监护权，均有责任承担抚养义务，不得以任何理由拒付抚育费。父母均有行使亲权，变更子女的姓氏及名字的权利，但是作为姓名权的实际主体，子女是姓名变更前后的最终承受者，在子女为无民事行为能力人时，未进入社会生活，对于姓名的含义几乎没有认知，此时尚可由父母代替变更姓氏或名字。当子女为限制民事行为能力人时，其已逐渐以自己的原始姓名进入社会生活，并且对于自己的姓名存在一定的认识，此时父母要变更子女的姓名，应参照子女的意见，进行充分考虑，不能擅自变更，否则造成滥用亲权，是对子女姓名变更权的侵害。而子女为完全民事行为能力人时，其有权在法定范围内通过法定程序变更自己的姓名，不受干涉。第二，因收养关系引起的姓名的变更，《中华人民共和国收养法》（以下简称《收养法》）第二十四条规定，养子女可以

---

1 王晓芳. 周口冒名顶替上学者被解聘[N]. 北京青年报，2016-03-20.

随养父或者养母的姓，经当事人协商一致，也可以保留原姓。其意也在尊重当事人之意思表示。[1] 第三，其他情形。

三、姓名权的权利属性

明确姓名权的权利属性即可确定姓名权的权能，从而构建姓名权的救济体系。姓名权是私法上的权利，即使涉及通过户籍管理等行政手段进行姓名权的管理，也不表示姓名权属于公法上的权利。进而关于姓名权的权利属性在学界主要有以下四种观点。

（一）姓名权为所有权

德国学者魏尔德主张，因姓名权如所有权，可对抗第三人，且其行使具有任意性，所以具有所有权的性质。

本书认为，将姓名权归属于所有权的范围，过于片面。所有权是所有人依法对自己财产所享有的占有、使用、收益和处分的权利，属于财产权。首先，诚然姓名权具有占有、使用的权能，但是从本质上，姓名权不属于财产权，其客体不是自己的财产而是自己的姓名，姓名是用以明确自身，区别他人的文字符号和标识。其次，尽管姓名权能通过许可他人使用而产生一定的经济价值，但其主要功能是体现血脉传承和个人特征的精神价值。最后，姓名权不能处分，它紧紧与个人人格属性相联系，无法转让。如基尔克所言：姓名权不能处分，否则从根本上违背姓名权的本质。[2]

（二）姓名权为无形财产权

斯陶伯主张，姓名权仅在特定情况下可发生经济上的价值，姓名权人

1 朱锋杰. 论姓名权的法律保护[D]. 华东政法大学，2014.
2 GIERKE,OPET,*Das Namensrecht,.Deutsches Privatrecht*[M]. Making of Modern Law,1989:820.

可以任意处分此种价值，故为无形财产权。[1]

本书认为，将姓名权认定为无形财产权属于以偏概全。不可否认，在市场经济社会中，姓名商品化将成为一种趋势，这表明姓名权具有财产利益。但财产权的取得需依靠智力创造，姓名权的取得是基于血缘关系、家族因素，以及身份关系的变化而产生，显然这并不符合财产权的取得方式。且财产权与自然人并无紧密联系的关系，可自由转让、处分，姓名权无法转让和处分。姓名权商业化所产生的经济价值无法及于每个人，不具有普遍性。

随着社会的发展，姓名权中的财产利益将占据更加重要的地位，尤其是名人的姓名权，虽无法取代人格属性的本源，但我们应当拓宽姓名权的救济途径，纳入更多的财产权救济手段，构建更为完整的姓名权保护体系。

（三）姓名权为亲属权

莫迭尔提出，因姓名权的发生多源于亲属关系，所以姓名权为亲属权的一部分。一个具体的姓名意味着身份关系上的具体权利义务，因而认为姓名权是一种身份权。[2]

本书认为，姓名权不属于亲属权。姓名权中的称姓权，源于家族血脉继承，具有亲属权的性质，但如今对第三姓的发展逐渐认可，称姓权也不再完全源于亲属关系。与旧时按字排辈的习俗不同，称名权几乎与亲属关系无关，其彰显的均是个人独特的人格属性。另，许多弃婴、孤儿并没有血缘上的亲属关系，但他们仍然享有姓名权。综上，姓名权不属于亲属权。

（四）姓名权为人格权

该观点为学界的主流观点，持该观点的学者认为：姓名权是用以表明身份，区别他人的符号，其与生命、自由、名誉等维持个性一样，必不可少，

1　STOBE.*Handbuch Deutscher PrivatrechtII*[M]:51.
2　袁雪石．姓名权本质变革论[J]．法律科学．西北政法学院学报，2005(02)：44～51．

所以属于人格权。

本书赞同该观点。第一，姓名权是一项固有权利，是生而即享有的，无须以其他行为为前提条件才可获得，其固有性体现在与自然人生存相依，一旦自然人死亡，该权利也消灭。第二，姓名权是一种支配权，不同于财产权对于财产任意处分、转让的支配权。其支配性体现在对于姓名权商业化的使用的排他性，以及对其产生的财产利益进行支配。第三，姓名权具有专属性。姓的取得常常专属于某个家族、某一集团，名的取得更是专属于个人，姓名的组合是得以表明自身特性的，并在社会生活中区别他人，使其他人能准确对应的符号。且姓名权的专属性要求他人不得代为行使。即使是姓名决定权，也只是父母或其他监护人行使亲权的体现，在自然人有能力决定姓名时，他人无权干涉。综上，姓名权的特性均符合人格权的特征，所以姓名权属于人格权。

四、姓名权制度的历史发展

（一）国外姓名权制度的历史发展

公元前 2 世纪编纂的《摩奴法典》中对于姓名权的规定带有明显的种姓制度色彩：如果他在称谓他人的名字和种姓的时候出言不逊，那么他就应该被烧红的十指铁钉刺进嘴。这是最早关于姓名权的记载，但此时的姓名权具有浓厚的身份权象征。

19 世纪，《德国民法典》首次确认了姓名权属于民事权利的地位，具有里程碑的意义。对于姓名权的规定主要体现在第十二条："如有使用姓名权人的权利经他人提出异议，或被他人不正当使用同一姓名以致利益被侵害时，权利人得请求他人除去侵害。如有继续侵害的危险时，权利人得提起禁止继续使用的诉讼。"同时还对姓名的取得等做出了较为具体的规定，如规定"妻应从夫姓，夫妻离婚后，妻可以保留夫姓。但是离婚的妻子可以恢复其姓，姓的恢复以意思表示向主管机关为之，其意思表示应用公证的方式。"还规定子女从父姓，无效婚姻所生之子女视同婚生子女，从其父姓。《德国民法典》完成了姓名权从身份权到人格权的转化，为日后关于姓名权方面的立法奠定了基础。[1]

1907 年的《瑞士民法典》在《德国民法典》的基础上对姓名权进行了具体化规定。"当就某人姓名的使用发生争议时，其可诉请确定此项权利，因他人冒用姓名而受到侵害的人，可诉请禁止冒用；如冒用有过失的，并可诉请损害赔偿；如就侵害的种类侵害人应当给付应当数额的慰抚金时，也可提出此项诉请。"该条文明确了当姓名使用权发生争议时，可通过诉讼确认该权利。

此后各国的法典都对姓名权做出了更细化的规定，姓名权也逐渐受到越来越多的重视。

（二）我国姓名权制度的历史发展

中国古时长期处于封建社会，封建专制制度造就的等级分化，使姓名权这一概念无法孕育，更无法得到承认。直至近代，作为中国第一部民法典的《大清民律（草案）》，承认了姓名权属于私权，在第一编总则部分以第五十二条至五十四条的篇幅，对姓名权加以详细规定，其第五十四条规定，姓名权受侵害者得请求摈斥其侵害。

1925 年《中华民国民法（草案）》第十九条规定，姓名权利侵害者得提起摈除侵害之诉，请求除去其侵害，并请求损害赔偿；第二十条规定，姓名权又被侵害之虞者，得提起预防侵害之诉，请求禁止其侵害，并请求损害之担保。该草案规定了姓名权被侵害时的救济制度，从而建立姓名权民法保护制度。

中华人民共和国成立后，1986 年出台的《民法通则》第九十九条和第

---

1 陈卫佐. 德国民法典[M]. 北京：法律出版社，2004：37～71.

一百二十条对公民享有姓名权予以保护。此后,《侵权责任法》从侵权角度对侵害姓名权的行为责任做了规定。

第二节 姓名权与其他人格权的关系

一、姓名权与名称权

姓名权是自然人决定其姓名、使用其姓名、变更其姓名,并要求他人尊重自己姓名的一种权利。姓名权作为一项固有权利,与自然人的生存紧密相依;以其专属性为主要特征,具有排他性,不允许任何人干涉姓名权的行使。

名称权是指法人及特殊的自然人组合依法享有的,决定、使用、改变自己的名称,依照法律规定转让名称,并排除他人非法干涉或盗用的具体人格权。[1] 名称权也是一项人格权,具有人格权的一般属性。

二者的区别如下。第一,主体范围不同。名称权的主体包括法人和非法人组织,姓名权的主体仅限于自然人。第二,对于权利的取得限定不同。名称权的取得需进行登记,但姓名权是生而即赋予的权利,进行登记只是作为正式姓名予以保护。名称权的客体——名称要受到许多方面的限制,如《企业名称登记管理规定》:“企业名称应当由以下部分依次组成:字号(或者商号)、行业或者经营特点、组织形式。”而姓名权的客体——姓名只要符合《姓名登记条例》《中华人民共和国国家通用语言文字法》的文字标准即可。第三,名称权具有极强的经济价值,如一些百年老字号等,因此名称权可以转让。但姓名权因其所具有的专属身份属性,不能转让,也不能代为行使。

---

1 杨立新. 人格权法[M]. 北京:法律出版社,2011:183.

二、姓名权与隐私权

隐私权是公民享有的私生活安宁与私人信息依法受到保护，不被他人非法侵扰、知悉、搜集、利用和公开等的一种人格权。[1]

姓名权与隐私权是两个关系密切的人格权，往往侵害隐私权都会伴随着对姓名权的侵害，可以认为是通过侵害姓名权为手段达到侵害隐私权的目的，形成责任的竞合。二者都只能专属于自然人，与特定的自然人、特定的人格特征相匹配，不能转让、抛弃。二者均属于精神性权利，但都含有一定的财产价值，且随着社会的发展，隐私权商业化和姓名权商业化的情况将更加普遍。

但二者仍然存在以下区别：第一，隐私权的客体包含私生活安宁、私人活动和私人信息，即隐私权的客体实质上是不断扩大的，没有明确的界限，只要自然人认定是属于私人范畴，则构成对隐私权的侵害。而姓名权的客体仅是姓名（广义），只有对姓名（广义）本身造成的侵害，才属于侵害姓名权。且隐私权的客体往往是不公开的，秘密的，而姓名一般是公开的。第二，救济方式不同，虽然二者均可通过停止侵害，消除影响，赔礼道歉，损害赔偿进行救济，但侵害姓名权还可以通过恢复姓名等特有方式进行救济，而隐私一经披露，无法恢复。

三、姓名权与名誉权

名誉权的概念界定，可引用龙显铭先生的表述："名誉权者乃人就自己之社会评价享受利益之权利也。"[2]

名誉权着重于对自身声望、名声、荣誉等方面的社会综合评价。名誉与姓名一样，以自然人为载体，若失去载体，则不存在享有的名誉权和姓

1 张新宝. 隐私权的法律保护[M]. 北京：群众出版社，1997：21.
2 龙显铭. 私法上人格权之保护[M]. 北京：中华书局，1948：70.

名权。侵害名誉权和侵害姓名权往往也会造成责任的竞合。

二者的区别如下：第一，自然人既享有名誉权也享有姓名权，但法人只能成为名誉权的主体。第二，侵权认定不同，侵害姓名权只需认定存在他人干涉、盗用、假冒的行为即可。而侵害名誉权的认定要求证明他人的行为致使名誉受损，名誉受损的认定则须通过第三人知晓从而评判是否造成了社会评价的降低。第三，仅姓名权遭受侵害，则只能以姓名权为由提起诉讼，但是发生姓名权和名誉权责任竞合时，"对于造成另外一个权利损害的后果，应当作为一个加重责任的情节，适当提高赔偿数额，使受害人的权益得到充分的保护"[1]。竞合时要由法院进行择一选择。

第三节　姓名权的法律保护

一、姓名权保护的法律基础

（一）姓名权相关法律规定

我国并没有集中规定姓名权，而是分散在其他法律中，关于姓名权的法律规定过于原则性，缺乏可操作性且滞后。《民法总则》明确自然人享有姓名权，即明确了姓名权的主体。《婚姻法》规定了子女姓氏的选择范围。《户口登记条例》明确姓名申报和登记的时间、程序、登记主体等。《收养法》对于养子女的姓名做出了详细的规定。

（二）侵害姓名权的责任承担

《中华人民共和国侵权责任法》第十五条规定了承担侵权责任的主要

1　杨立新.人格权法专论[M].北京：高等教育出版社，2005：203.

方式,其中适用侵害姓名权的有:停止侵害,消除影响,赔礼道歉,赔偿损失。第二十条则是对赔偿损害的计算方式做出了具体规定。

1. 停止侵害

在姓名权遭受损害时,如被他人干涉姓名权的行使、姓名被他人盗用或假冒,为防止损害结果的扩大,姓名权人可以第一时间要求行为人停止侵害。

2. 消除影响

由于姓名权是一项与自身人格相连的权利,姓名权被他人盗用或冒用,从事不利于姓名权人的活动,谋取一定的利益或损害姓名权人的名誉,则姓名权人有权要求行为人用尽一切途径消除影响,如果名誉受损还应要求恢复名誉。如在公开的报纸等媒体上,发表声明。

3. 赔礼道歉

这是行为人真诚地反思错误,并意识到自己的行为对姓名权人造成了损害,这一基本的方式最有助于安抚姓名权人的情绪。

4. 赔偿损失

由于侵害姓名权,主要造成的是精神上的损害,除名人的姓名商业化情形外,它不具有明显的经济利益。因此,杨立新主张:是否予以损害赔偿,掌握的标准应当是侵害姓名权造成严重损害后果的,才予以赔偿。赔偿数额的确定,应以确定精神损害赔偿数额的一般方法进行计算。[1]

二、侵害姓名权的构成要件

(一)行为人主观上具有故意

侵害姓名权的认定,要求行为人意在侵害姓名权,具有主观上的故意,过失的主观心理不予认定。最为典型的现象是姓名的平行,即重名现象。

---

1 杨立新. 精神损害赔偿疑难问题[M]. 长春:吉林人民出版社,1991:11~13.

中国是一个人口基数庞大的国家，中国人取名首先局限在《通用规范汉字表》所包含的汉字，其次依据习惯都会选择两个字或三个字的姓名，这就造成了重名率的大增。对于重名，命名者主观上并无故意，不构成对命名权的侵害。但是如果行为人故意造成姓名的混同，并且有明确的指向对象，以此谋取一定的利益，认定为对姓名权的侵害。

（二）行为人实施了干涉、盗用、假冒行为

《民法通则》第九十九条规定：公民享有姓名权，有权决定、使用和依照规定改变自己的姓名，禁止他人干涉、盗用、假冒。可见，侵害姓名权要求行为人积极地实施侵害行为，不作为方式不构成对姓名权的侵害。

侵害姓名权的主要行为方式有以下三种。

1. 干涉他人姓名权的行使

姓名权的内容包括姓名决定权、姓名使用权和姓名变更权。

第一，干涉他人的姓名决定权。未成年子女的姓名决定权一般都由父母或其他监护人以亲权方式行使。我国《收养法》第二十四条规定："养子女可以随养父或者养母姓，经当事人协商一致，也可以保留原姓。"在实践中，如果养子女有自我决定的行为能力，养父养母强制要求养子女随其姓，属于干涉养子女的姓名决定权。同时，生父母无权要求已被他人收养的子女保留原姓，否则可视干涉养父母行使亲权决定养子女姓名的权利。

第二，干涉他人的姓名使用权。自然人除在正式文件和场合要求使用在户籍机关登记的正式姓名外，在其他领域有权根据自己的需要选择使用艺名、笔名、网名等，任何人无权强迫该自然人使用特定姓名。另，不能干涉他人使用与自己相同的姓名，因为重名现象是极为普遍的，并且有其发生的合理性。只要自然人不是故意造成姓名的冲突，并利用该冲突损害他人的名誉或谋取一定利益，那么行为人就不能干涉他人使用与自己相同的姓名。

第三，干涉他人的姓名变更权。父母离异后单方变更子女姓名的案件层出不穷。例如，在李某兵诉常某莉姓名权案中，[1]原告李某兵（父）与被告常某莉（母）原系夫妻并育有一女，原、被告离婚后其女儿由被告直接监护抚养。原、被告离婚后被告单方面将女儿改随母姓，原告起诉主张恢复女儿原姓氏。《关于人民法院审理离婚案件处理子女抚养问题的若干具体意见》第十九条规定：父或母一方擅自将子女姓氏改为继母或继父姓氏而引起纠纷的，应责令恢复原姓氏。法律的规定过于原则性，在审判活动中，往往会有两种不同的结果。父母离异后，未成年子女是无民事行为能力人，在保护未成年子女利益最大化的基础上，考虑更改姓名对子女的影响后，由父母决定是否更改子女姓名。当未成年子女为限制民事行为能力人时，父母要更改其姓名，应充分尊重未成年子女的意见。

2. 盗用他人姓名

指未经他人同意或授权，擅自以他人名义实施有害于他人和社会的行为。[2]"擅自以他人名义"要做缩小解释，即是出于故意的主观心理，使第三人误以为自己有权使用该姓名，并以此获得一定的经济利益或损害姓名者的合法利益。例如，"张莉与蒋茂姓名权纠纷"一案，[3]蒋茂擅自使用张莉的身份证复印件，未经其许可，盗用张莉姓名，先后将张莉列为公司股东、法定代表人，使张莉无故涉身诉讼，侵犯了张莉的姓名权，判决被告立即停止侵害。

3. 假冒他人的姓名

假冒与盗用的共同点在于，均未经姓名权人的同意，故意擅自使用其姓名。但假冒他人姓名，通常是利用与姓名权人姓名相同或相近的条件，故意造成姓名和身份的混同，使第三人误以为行为人就是姓名权人，从而

---

1 河南省洛旧市老城区人民法院，（2009）老民初字第790号民事判决书。
2 刘文杰. 民法上的姓名权[J]. 法学研究. 2010(6).
3 重庆市南岸区人民法院，（2011）南法民初字第07105号民事判决书。

利用该姓名从事民事活动，享受该姓名权人的权利。著名的"齐玉苓案"和"罗彩霞案"就是假冒他人姓名获得高校入学的权利。

（三）受害人的姓名权遭受损害

行为人在实施了侵害姓名权的行为后，须产生受害人姓名权遭受损害的结果。姓名权遭受损害的结果表现为财产受损或精神损害等。因为姓名权属于人格权，与自然人的人格特征紧密相关，所以损害姓名权造成的精神损害常常大于财产损害。

三、未成年子女的姓名权的法律保护

（一）未成年子女姓名权的独特性

1. 具有行为能力的标准

每一个自然人从事民事活动，都要求必须具有与之相应的民事行为能力，这样才能保证民事活动的有序进行。当然，权利的享有并不一定要以具备行为能力为基础，但是落实到具体的权利的行使上，则需要相应的行为能力。而行为能力的判定，通常以年龄和意识为依据。未成年子女的姓名权的主体是未成年子女，但因其心智的不成熟，甚至在无民事行为能力时期，对于姓名权并没有认识，所以未成年子女的姓名权由父母代替行使，但这不表示未成年子女的姓名权是归属于父母的。当未成年子女具有相应的民事行为能力时，就可以独自行使姓名权。

2. 由监护人代为行使

监护人代为行使子女的姓名权，实质上是监护人行使亲权的体现，但我国并未承认亲权制度。对于父母与子女的关系，主要体现在我国《婚姻法》第三章——家庭关系中，第二十二条明确子女姓氏的选择是平等的，可随父姓可随母姓。姓名权是始于自然人出生，因此不可避免地出生时由父母来决定姓氏和命名，这也就是父母对于子女的权利义务关系，是行使亲权。

（二）未成年子女姓名权的保护现状

在长期的司法实践中，由于法律关于未成年子女姓名权的规定较为分散，没有系统、专门、具体化的规定，现将实践中常出现的未成年子女姓名权争议归纳为以下三类。

第一，未成年子女的姓氏能否选择"第三姓"。在"北雁云依"案中，父亲姓吕，母亲姓张，为其女儿取名"北雁云依"，以"北雁"为姓，"云依"为名，但在申报户口时遭到派出所的拒绝。吕父坚持以"北雁云依"为名，认为派出所的做法是侵犯其女儿的姓名权，随向法院提起诉讼。《婚姻法》第二十二条对于子女的姓氏，做出了提示性的规定，并没有强制要求子女必须随父姓或母姓。但根据该条的立法解释，子女可以选择父母姓之外的第三姓：选取其他直系长辈血亲的姓氏；因由法定扶养人以外的人扶养而选取扶养人姓氏；有不违反公序良俗的其他正当理由等三种情形。法院对此案的判决是依据该解释的第三种情形，认为吕父和黄母随意创设"北雁"这个姓氏，严重影响社会对于该姓氏的认知，并且会开创可仅凭个人喜好随意创设姓氏这一先河，造成户籍登记部门的管理混乱，形成十分不好的社会风气。本书认为，立法解释对于子女选取第三姓的放宽，是在尊重社会公德和良好的传统习惯的基础上。如对于选取其他直系长辈血亲的姓氏，即是尊重许多地方有"三代归宗"的习俗，且仍然保留着姓作为家族传承的意义。选取扶养人姓氏，有利于子女的身心成长，并且也符合感恩的中华传统美德。因此作为兜底性的第三种情形，不违反公序良俗的其他正当理由，也应参照如上的伦理道德原则。

第二，父母离异，子女的姓氏由谁决定。在前述的李某兵诉常某莉姓名权案中，原审法院认为："被告指出按照我国相关法律规定，子女可以随父姓，可以随母姓，所以其将女儿姓名变更为常某某的行为合法有效，然而按照我国《婚姻法》第十六条立法本意是指当子女是未成人时，为父母对子女决定、变更姓名时提供一种选择性指导，其强调的是当父母双方意见一致的情况下，其子女可随父姓也可随母姓，父母离婚后变更未成年子女姓名需父母意见一致，被告的抗辩理由本院不予采信。故判决支持原告诉讼请求，责令恢复原姓氏。"父母对于子女享有监护权，这种监护的权利义务关系并不因父母的婚姻关系终止而结束，父母双方仍然对子女享有平等的监护权，"如果父母的监护权并未被剥夺，那么父母离婚后其监护权依旧是平等的"[1]。未成年子女的姓名权是由父母代替行使，父母离异后双方仍然共同行使监护权，监护权并不会因为父母离婚而中断或消灭，与子女生活的一方无权擅自变更子女的姓名。虽然在实践中，离异的夫妻双方很难对子女是否更改姓名达成一致意见，但若是允许擅自变更，则是剥夺另一方的合法权益，强行割裂对方与子女的亲情，不符合公序良俗。本书认为，应当在考虑子女利益最大化的基础上，从为了子女身心健康发展的角度出发，在法律上明确即使是离异的父母双方依然共同行使监护权，对于子女姓名的变更，应当进行协商。

第三，子女取名，可否包含如字母、符号等不符合规范的字体。在人人都追求创新的时代，许多父母尤其是年轻一代的父母，都希望在子女的姓名上标新立异，彰显个性。在前述的"赵C案"中，父亲认为取名"C"寄托自己对儿子的美好希冀，该名字十分个性化，但是如果允许这样的姓名进行户籍登记，会在社会上起到标新立异的先导作用，虽没有造成直接的社会经济损失，但是会极大地增加行政机关的工作难度和复杂度。姓名的主要作用就是起到标识性，使第三人易于区分和铭记，如果在名字中加入不符合规范的字体，会增大误解和产生歧义的概率。本书认为，为适应人人追求个性的潮流，可以通过《居民身份证法》《国家通用语言文字法》等法律法规来增加汉字和姓名组合的选择，但是每个自然人也应当在法律规范的范围内行使姓名权，在取名的同时，要合乎国家文字规范。

---

1 巫昌祯. 婚姻家庭法学[M]. 北京：中国政法大学出版社2007：132.

第十一章　肖像权

第一节　肖像权概述

一、肖像的概念和内涵

（一）肖像的概念

对于"肖像"，我们如何正确地理解它？佟柔先生认为"肖像是公民人身真实形象及特征的再现"[1]。这是从法律角度在字面上对其的理解。我国台湾地区的民法学者认为"肖像"的概念是："肖像者，人之容姿之模写也，分绘画、照相、雕刻等类。"[2]这一观点更倾向于从文学角度出发下定义。

关于肖像的概念有两种界定，文学上的与法学上的界定。在文学上，肖像是一种艺术概念，模仿人的五官并借助绘画、照相等艺术形式表现出人的形象。法学上的肖像是自然人的一种人格利益，涉及个人权利。这种权利我们称为"肖像权"，是一种使得任何个人都能够保护自己未经授权而使用其五官容貌的权利。

1　佟柔. 中国民法[M]. 北京：法律出版社，1990：485.
2　龙显铭. 私法上人格权之保护[M]. 北京：中华书局，1948：93.

（二）肖像的内涵

1. 真实鲜活性

肖像是一个自然人的五官形象，是自然人在其身体所拥有的真实、鲜活的外官，通过艺术的方式体现出来的。肖像一定是现实生活中存在的人，不可能是凭空想象出来的虚拟形象。一般来说，确定自然人的外部形象是否构成肖像，我们应该是先根据其形式和部位来确定。自然人的外在形象一定是具有肖像的内涵。首先是其一定能够反映出自然人的外在五官形态；其次是肖像一定体现出自然人的表情、外貌、情感等；最后肯定是能显示出自然人肖像的事实且在表现平台上占据整个平台的显要位置，而不是次要的修饰。

2. 可识别性

作为一个人五官肖像一定能够可识别，认识的人可以一眼分辨出来是否是其熟知的那个自然人。在现实生活里，我们判断某个雕塑是否反映了某个自然人的肖像，首先要看作品表现出来的信息是否具有可识别性。那么就是说，肖像不仅应该体现出自然人的外貌，而且其所体现的外貌形象信息应当明确，可以使普通人明确地识别出该肖像是体现谁的身份。

3. 肖像具有物上属性

肖像被客观、具体、固定地体现在某一物质载体上，如报纸、网络、杂志等。出自肖像权人的外观，但与自然人在物质上脱离，独立存在于客观形象，并且能为第三人所控制和处分，当然根据内容表达的艺术价值其可能具有一定的财产价值。这样一来，自然人的肖像就通过外在表达方式衍生出其物质性且依据其内容有不同层次上的物上价值。

4. 肖像是肖像权的客体，具有人格性，是自然人特有的一种人格利益

从这个角度思考，肖像表现出来的内容是肖像当事人的精神利益、人身利益和财产利益，其中的"财产利益"并不是体现在自然人外貌本身，而是依据此肖像所产生的人格利益衍生出来的。法律上对自然人的肖像权给予保护，其实就是对人格权利的一种保护。

二、肖像权的概念和内涵

（一）肖像权的概念

我国法律界学者对于肖像权这个法律概念有不同的定义。王利明认为，肖像权是自然人以自己的肖像所体现的利益为内容的权利。肖像权是以肖像所体现的人格利益及财产利益为内容的民事权利，它直接关系自然人的人格尊严及其形象的社会评价，是自然人所享有的一项重要的具体人格权。[1]魏振瀛认为，肖像权是指自然人享有的以自己肖像所体现的人格利益为内容的人格权，其内容包括肖像的使用、制作及维护肖像所体现的精神利益的权利。[2]彭娟认为，肖像权是公民以自己的肖像所体现的利益为内容的具体人格权。[3]日本学者五十岚清认为，肖像权是指未经本人许可，他人擅自将自己的肖像通过绘画、雕塑、相片等形式进行制作和发表时，可以对这种行为加以禁止的权利。[4]我们曾经提出，肖像权，是自然人对自己的肖像享有利益并排斥他人的侵害的权利。[5]这些界定的内容基本相同。基于肖像权所保护的利益的精神性和财产性的不同，在这里认定"肖像权"是一种专属于自然人的具体人格权，即自然人对自己通过造型艺术或者其他形式，在客观物质载体上再现自己的形象所拥有的不可侵犯的专有权。肖像权作为一种具体的人格权，是以自然人在自己肖像上所体现的精神利益和物质利益为内容的民事权利。

（二）肖像权的内涵

1. 肖像权作为一项民事权利，是自然人才享有的，也就是说肖像权的

---

[1] 王利明. 人格权法研究[M]. 北京：中国人民大学出版社，2005：449.
[2] 魏振瀛. 民法[M]. 北京：高等教育出版社，2007：655.
[3] 彭娟. 法律解释语境下侵犯肖像权行为之界定[J]. 政法学刊，2004(03)：25～28.
[4] 五十岚清. 人格权法[M]. 铃木贤，葛敏，译. 北京：北京大学出版社，2000：128.
[5] 王利明，杨立新，姚辉. 人格权法[M]. 北京：法律出版社，1997：106.

权利主体只能是自然人

肖像是一个人对自己特有形象的展示，体现出来的是特定的自然人独特的外貌，因此只能为特定的当事人所独有。国家机构、法人或其他社会组织，都不存在鲜活的、真实的能够独立体现外貌信息的条件，因此没有肖像权。肖像作为自然人外貌形象的再现，是与生俱来的个人特定化的标志，因此决定了个人的肖像只能是该自然人享有的肖像权的客体。肖像权是一种标志性的权利，不能被转让，也不能被抛弃或者被继承。有一种观点认为，自然人许可他人使用自己的肖像（如允许他人以自己的肖像做广告、制作挂历等）是转让自然人的肖像权。但实际上肖像权相对于其他具体人格权而言，人身专属性较弱，具有商品化的可能性。肖像权人既可以自己对肖像进行商业利用，也可以允许他人进行商业使用。由于肖像权具有专属性，它作为一个整体是不能被转让的，但肖像权中的一项权能，即肖像使用权却是可以转让的。转让肖像使用权只是意味着肖像权人允许他人使用自己的肖像，但并不是将此种权能永远地、完全地转让出去，否则，肖像权人将无法再使用自己的肖像。所以转让肖像权是违背公序良俗原则的。

2. 肖像权所体现的是精神上的利益

肖像权是人格权的一种，法律保护的是以外貌作为自然人标志的人格性利益。但肖像权的客体具有物质性、可支配性等内涵，从这个角度出发是有别于其他具体人格权的。因此，肖像权的基本利益是精神上的利益，财产上的利益只是其衍生出来的外在利益。法律规定："公民享有肖像权，未经本人同意，不得以营利为目的使用公民的肖像。"但是，那种认为侵害肖像权的构成要件必须具备以营利为目的的主张，违反了肖像权的这一基本属性。法律保护肖像权所体现的这种精神利益，包括公民对自己形象享有维护其完整的权利，有权禁止他人非法毁损、恶意玷污。与公民的名誉权等其他人格权一样，肖像权人对他人歪曲、毁损、玷污其肖像的行为，都会使其精神利益受到损害，对其作为公民的人格尊严构成侵害。法律保护公民的肖像权，最首要的就在于保障公民人格尊严，保护肖像权所体现的这种精神权利。

3. 肖像权具有物质属性，肖像权人的人格利益通过现实物质衍生出来，伴随的是其所体现出来的经济利益

这种物质属性具有文学价值并应用到市场经济中，带来财产价值。由于自然人的肖像表现在物质载体上，因此具有使用权能。肖像权人可以通过使用和支配自己的肖像来获得一定的利益，也可以在一定的范围内有限度地转让肖像权，允许他人制作和使用自己的肖像，并从中获得应有的使用价值。肖像的这种经济利益也是公民的合法利益，应当予以保护。

第二节　侵害肖像权的认定

一、侵害肖像权的责任构成要件

根据侵权责任构成的四要件主观过错、违法行为、损害事实及因果关系，在判定是否构成侵害肖像权时，难以判断的不是主观过错、损害事实和因果关系，而是认定侵害肖像权的违法行为、营利目的是否为侵权构成要件，以及侵害肖像权的违法阻却抗辩事由。过错要件是确定侵害肖像权责任构成的责任原则。肖像侵权的过错是指未经本人同意而使用他人肖像的行为。在认定侵害肖像权的责任构成时要具备以下要件。

（一）有非法使用肖像的行为

侵害肖像权责任构成的首要条件是肖像使用行为。肖像为肖像权人所专有，他人不得私自制作其肖像。多数学者主张：侵害肖像权的范围，以

未经同意而就他人之肖像为公布、陈列或复制之者为限。[1]侵害肖像权中使用的肖像，包括一切再现自然人形象的视觉艺术作品及其复制品。这种使用，并非仅仅包括商业上的利用，而是包括一切对肖像的公布、陈列、复制等使用行为。商业上的使用和非商业上的使用，都可以是公布、陈列或复制。[2]

（二）未经肖像权人同意而使用

肖像权是自然人专有权，肖像的使用应双方平等协商，以合同的方式约定。在有合同约定的情形下，还存在另一种侵害肖像权的方式，即因违反合同的约定而发生肖像权纠纷。此时，可根据《合同法》的相关规定确定违约责任，也可根据违约责任与侵权责任的竞合，选择一种有利于维护自己权利的责任方式提出诉讼请求。

未经肖像权人同意而使用其肖像，在主观上具有过错，为故意所为。在一般情况下，侵害肖像权行为人的主观心态为故意，这是因为肖像使用行为是行为人有意识的行为，通常不会因为不注意的心态而误用他人肖像。但是，并不排除过失侵害肖像权的可能性，例如，认为某幅肖像是虚构的人物画而擅自使用，同样构成侵权，为过失侵权。

（三）无违法阻却事由而使用

虽然未经本人同意而使用他人肖像，但如果有违法阻却事由，则该使用行为为合法。所谓违法阻却事由，是指为了国家利益和社会公共利益或为了公民自身的利益而必须制作或使用公民肖像的合理使用肖像的行为。

认定侵害肖像权应当同时具备以上三个构成要件。这样不仅能够完整地保护肖像权所体现的精神利益和物质利益，并且可以妥善地保护肖像权

---

1 何孝元. 损害赔偿之研究[M]. 台北：台湾商务印书馆，1982：160.
2 杨立新. 人格权法[M]. 北京：中国法制出版社，2006：457.

人和合法肖像使用者的权益，以更好地保护自然人的人格尊严。

（四）侵害肖像权的抗辩事由

我们在保护肖像权的时候不能过度保护，这样会妨碍到他人的合法权利，如行为人的言论自由、新闻自由等。在一些特殊的场合，出于对国家和社会公共利益的需要，肖像权的行使也会受到一定的限制，这种限制被称为抗辩事由，或者称为肖像的合理使用。

第三节　肖像权的特殊行使及法律保护

一、肖像的商业化使用

（一）肖像的商业化使用方式

肖像权中不仅包含了一定的精神利益，而且具有相当的物质利益，这关系到肖像权本人及创造其物质载体的人或法人。

肖像投入商业化使用有以下方式。

1. 当事人自己使用

当公众人物意识到自己的人格标识可以产生经济利益时，就会使其展现出来。例如，把肖像做成海报、雕塑等产品，印于产品包装上来吸引消费者，从而获取经济利益，或将肖像注册为法人商标后开展生产经营活动。

2. 许可使用方式

许可使用主要是指权利主体通过签订转让协议的方法，将自己的姓名、声音等人格标识授权许可他人使用。与生命、自由等内在性人格要素相比，姓名、肖像等标表型人格标识具有可支配性。[1] 也就是说，权利人可以通过合同行为将自己的肖像授权给他人使用，而受让人支付对价后获得权利主体肖像的使用权，此时发生只是使用权的转让，而不是所有权的转让。受让人在双方约定的范围内，按照约定的形式使用权利人的肖像权。许可使用最常见的形式就是形象代言。

3. 继承方式

传统民法认为人格权由于其人身专属性而不能被转让或继承，但人格标识商业化利用后，许多人格标识的所有权人和使用权人并不是同一个人。肖像权主体死亡后，其肖像依旧能带来巨大的经济利益，故肖像商业化使用权应当可以被继承。

（二）我国肖像商业化使用的民法保护

传统民法理论按照权利性质把权利分为财产权与人格权。财产权以财产利益为内容，并且财产利益可以自由转让；而人格权作为个体享有的一项基本人权，具有专属性、非财产性、不可转让性，更多地表现为精神利益而不具备经济利益。随着经济的发展，人格权的商业价值不断被发掘和利用，不得不承认许多人格标识体现了一些财产价值。

王利明、杨立新等教授认为，肖像权是以肖像所体现的精神利益和物质利益为内容的一种具体人格权。其中，肖像权包含的精神利益是基本内容，物质利益亦是一项重要内容。公民的肖像在成为艺术品后所具有的美学价值在市场经济条件下能够转化为财产上的利益。享有肖像权，在一定情况下就可以获得经济利益。尽管这物质利益不是肖像权的主要内容，但是亦应予以保护。任何非法使用他人肖像以牟利的行为，肖像权人都有权要求赔偿其财产利益的损失。[2]

1　温世扬. 论"标表型人格权"[J]. 政治与法律，2014(04)：64.
2　王利明，杨立新，王铁，程啸. 民法学[M]. 北京：法律出版社，2011：216.

二、肖像在新闻报道中的使用

我国法律规定了公民的肖像权，但对于新闻媒体的采访权、报道权等职业权利，目前法律却未明确规定，只在学理解释上认可。但是，媒体的报道权可以由公民的言论自由权派生出来，因此，新闻媒体的报道权和公民的肖像权都是法律保护的基本权利。

原则上，他人不经肖像权人同意无权使用其肖像，但是，无论何种权利均须受到一定的限制。现代社会很多正常的社会活动都离不开对人的肖像的利用，如果凡是制作和利用公民的肖像都需要经过公民本人的同意，势必会给正常的社会生活运转带来诸多不便，从而影响甚至危害国家和社会公共利益。当出现公民肖像权和新闻媒体报道权冲突时，司法工作人员最终只能做出一种选择。一方面，公民的肖像权是公民与生俱来的法律权利，另一方面，由于新闻媒体特殊的地位角色和特定的职业需求，应当给予一个相对宽容的态度。

三、公众人物的肖像权

（一）公众人物的概念

公众人物也就是公共人物，是被大众所熟知的，在一定时间和空间范围内具有一定知名度和影响力的人物，大致包括：政府公职人员、公益组织领导人、文艺界、娱乐界、体育界的明星、文学家、科学家、知名学者、劳动模范等知名人士。公众人物的概念最早起源于美国，最初在1964年"纽约时报诉莎利文"一案中首先确认了"公共官员"的概念。之后，对于公众人物的界定有多种说法，但一般认为，公众人物是令公众引起兴趣的人，一般能够带来良好的社会效果及经济效益。

（二）公众人物肖像权的特点

公众人物的肖像权与普通人的肖像权一样，具有下列特点：首先，肖像权是公民所独有的具体人格权，是一种精神权利，肖像权是对公民形象与尊严的维护，与其他的财产权利有很大的不同，是一种无形的权利。其次，公众人物的肖像权会带来较大的经济效益，其肖像权在某些方面可以产生价值，从而转化为物质财富。最后，肖像权是对于公民外貌、形象的保护，外貌长相一般是公民所独有的，是一种自然人的民事权利，是不容被破坏的。肖像权的损坏很可能会使公民受到精神上的伤害。

（三）对公众人物肖像权的限制

对于公众人物人格权进行限制的理由在于：第一，维护社会公共利益的需要；第二，协调舆论监督权和人格权保护的需要；第三，保障公民知情权的需要。公众人物的肖像权要受到一定的限制，这是各国立法的一个通例，也是必然的。例如，德国《艺术作品著作权法》第二十三条第一款第一项至第三项规定："公众人物或集会上的陪衬人物，不具有禁止其传播与公开展览的权利。"[1]公众人物出席某些场合，尤其是公众场合时，如果确实是出于舆论监督和满足公众兴趣的需要，其肖像就应受到限制，即使未经同意使用也是合法的，毕竟公众人物参与活动的肖像本身构成新闻的一部分。例如，我们的领袖受到各界人民的爱戴，悬挂他们的肖像显然不构成侵权。但是使用公众人物的肖像也应当是有界限的，这就是合理使用，而不是商业化使用。如果是商业化使用，同样应被认为是构成侵害肖像权。

（四）公众人物的肖像权保护

公众人物的人格权应当受到限制，但这并非意味着某人一旦成为公众

---

1 龙卫球. 民法总论[M]. 北京：中国法制出版社，2002：278.

人物，其人格权就不应当受到保护。公众人物的肖像权只是基于公共利益和公众兴趣的需要而在他人合理使用的范围内受到必要的限制，但并不意味着其肖像权被完全剥夺，从而对任何人以任何方式所从事的侵权行为都不能主张其肖像权。

第四节　集体肖像的法律保护

一、法律上是否存在集体肖像权

"集体肖像权"的说法在法律上是否存在？我国法律规定，公民享有肖像权，未经本人同意，不得以营利为目的使用公民的肖像。强调的是，我国公民的肖像权是属于个人享有的，由自己保有、支配，其他任何人不得干涉、侵害，也不得违背权利人的意志予以支配。任何使用他人肖像的行为，都必须征得权利人本人同意。现实生活中，可能存在这样的情况，即集体中的数名自然人同时或先后授权给某人使用他们的肖像，这时，后者只不过是同时拥有了前者每个人的肖像的使用权而已，而不是拥有了"集体肖像权"。后者的权利是每个独立的个人的肖像权的汇集，来源于独立的、各不相同的个人，而不是直接来源于超越了个人的集体。只有作为独特的、具体的个人，才有肖像，集体是没有集体肖像的，"集体肖像权这个概念，在我国现行法律体系中是不存在的"。[1]既然集体肖像权没有合法根据，那么集体肖像作为商业用途时，就应分别取得集体肖像中每个个体肖像权人的同意，这样才能拥有集体肖像的完整使用权。

也有学者认为，即使承认集体肖像权这个概念，它也将是基于个人肖像权的，因为肖像权的本源是个人的。所谓集体肖像，只能是个人肖像的

---

[1] 张代恩. 姚明的肖像权究竟属于谁[N]. 检察日报，2003-06-04.

有机组合，而不能是个人肖像的简单叠加。在一定条件下，以"存在特定意义的集体方式"展现的"集体肖像"，的确存在与单个成员肖像简单叠加不同的含义和效果时，这是否可以成为承认"集体肖像权"的理由，尚有待探讨。[1]

也有人认为，目前我国法律对于"集体肖像权"没有明确的界定，属于法律真空地带，体育经济领域在处理相关的问题时遵循的是相关惯例和行规。

二、集体肖像的界定与利益归属

（一）集体肖像的含义及特征

所谓集体肖像，是指数个人的肖像并存在一个载体上，构成一个完整的、独立于个体的肖像。集体肖像的特征体现在：第一，涉及多个人的肖像。第二，集体肖像具有整体性。集体肖像虽然由多个肖像构成，但该多个肖像本身并不具有独立性，其不过是整体的一个部分，而且共同构成一个肖像，即集体肖像。通常，集体肖像是多个人的合影，每一个肖像都不够突出，公众看到的是一个整体的画面，并非单个人的具体形象。第三，集体肖像的利益应该归属于集体而非单个的肖像权人。集体肖像中既存在单个的肖像利益，也存在集体肖像利益。但作为集体的肖像形象应当归属于整体。在实践中，集体肖像的行使和保护与个人肖像权的行使和保护不同，存在一定的困难。集体肖像是各个肖像权人的肖像集合的产物，既具有一定的独立性，又具有集合性，肖像利益属于全体合影者。也就是说，合影者的集合构成了一个完整的肖像，全体合影者对集体肖像享有无法分割的精神利益。

1　陈欣新. 法律界专家谈姚明肖像权事件[EB/OL](2003-05-21)[2018-01-21]. http: //sports. sohu. com/58/27/news209402758. shtml.

（二）集体肖像的利益归属

1887 年，法国巴黎高等法院受理某著名演员请求照相馆撤去所陈列的自己的肖像之诉，法院判决认为，某个人的肖像，需按要求撤去，但包括该演员在内的集体照相，则无撤去之必要。理由是，一人关于其肖像所有的利益，为全体的利益所压倒，一人之个性为全画面所掩蔽，而人格权失其存在之基础。[1]

原则上说，集体肖像的利益归属于整体，而非单个的肖像人，但集体中单个肖像人对集体肖像也享有一定的利益。在集体肖像受到他人侵害后，个人要主张其肖像权，应当区分如下情形：在集体肖像中，总的人数不多的情况下，个人形象往往具有可辨认性。形象突出的人当然享有独立的肖像权，形象不突出者可主张集体肖像利益，但一般不能主张自己个人的肖像权。

---

1 龙显铭 . 私法上人格权之保护[M]. 北京：中华书局，1948：93.

第十二章　名誉权

第一节　名誉权概述

一、名誉的概念和内涵

（一）名誉的概念

《现代汉语词典》将名誉释为：个人或集团的名声或名义上的。法律学上对名誉的界定，有不同说法。大陆法系认为，名誉是指社会上第三人对一个人道德方面的评价。英美法系认为名誉是指一个人为他人所尊重，有良好的地位、声望等优秀品质。

我国民法学者对于名誉的界定，也有不同的主张。

就"声名说"而言，杨敦和认为名誉就是指个人凭其天赋、家世、功勋、财富、品德、学历，以及地位等各种人格上之特质，在他人心目中具有的声名及荣誉。[1]这种主张强调名誉是令名，即美好的声名，不够准确。

"个人评价说"认为，名誉是公民的人格尊严，公民的人格尊严应该受到法律的保护，是共鸣的名誉权的重要内容。

"社会评价说"认为，"自然人的名誉是根据他的观点、行为、作风、工作表现等所形成的关于他的品德、才干及其他素质的社会评价，即对他

1　王利明，杨立新. 人格权与新闻侵权[M]. 北京：中国法制出版社，1995：293.

的社会价值的一般认识"。"法人的名誉是它整个活动过程中构成的，反映了社会对它的全部活动的总的评价。"[1]这种主张是较为准确的。

（二）名誉的特征

法律上作为名誉权客体的名誉，具有以下特征。

1. 名誉具有社会性

名誉是一种社会评价，具有社会属性。一方面表现在尽管个人生来应当享有名誉，但民事主体企求获得名誉就必须参与社会生活，通过自身的努力来获取社会对其声望与地位的评价。离开公众的社会反映，就无所谓名誉。另一方面，对于名誉的评价，是公众的社会舆论，即通过一定范围的大多数人的公开表示的形式，或者通过公众共同的评价标准表现出来，而不是民事主体之外的某个人对其做出的评价。

2. 名誉具有客观性

名誉的客观性是由名誉的社会性所决定的。名誉是客观的社会评价，表现在：一方面，名誉是客观存在的，是主体通过自身的努力和表现而应当获得的，它在客观上直接关系到主体在社会上的地位、社会成员对其信赖的程度。另一方面，名誉的客观性是基于特定主体而言，外部社会对特定主体的评价，是外部的，客观的，而不取决于主体内在的感情、认识和评断。

3. 名誉具有特定性

名誉是对特定人的社会评价，也就是说，它是对某一个具体的自然人或法人的评价，而不是对社会一般人的评价。[2]不具有民事主体资格的人不享有名誉。正是因为名誉是对特定人的评价，所以，对名誉权的侵害只有在指向特定人的情况下才能确定是否构成对某人名誉的毁损，以及是否

---

1 陈汉章. 人身权[M]. 北京：法律出版社，1987：19，23.
2 杨立新. 人身权法论[M]. 北京：人民法院出版社，2002：589.

应当承担侵权责任。

4. 名誉具有观念性

名誉虽然具有客观性的属性，但是其表现形态却是观念性的形态，存在于公众的观念形态之中，观念属于主观的范畴。在这种特定的场合，名誉的客观性是相对于特定民事主体主观认识而言，名誉的外在性质是客观的，其内容是主观的，是主观与客观的统一。

二、名誉权的概念和特征

（一）名誉权的概念

关于名誉权概念的界定，学者做了众多的定义。

1949 年以前，中国的民法学者对名誉权的界定以龙显铭先生的定义较具代表性。他认为："名誉权者乃人就自己之社会评价享受利益之权利也。"[1]台湾地区学者有的沿用这一定义，有的则另做定义，认为："名誉权者，以人在社会上应受与其地位相当之尊敬或评价之利益为内容之权利也。"[2]

名誉权的客体是名誉，名誉权所保护的利益是保持自己已获得的评价，不使其为他人认为的因素而降低。所以名誉权应当认为是"自然人和法人就其自身属性和人格价值所获得的社会评价，享有的保有和维护的具体人格权"[3]。当法律所规定的民事主体享有的名誉受到侵害时，可以请求司法机关予以保护。

（二）名誉权的特征

1. 名誉权的主体具有专属性

名誉权是具体人格权，其主体的专属性表现在两方面：一是指名誉权

---

1 龙显铭. 私法上人格权之保护[M]. 北京：中华书局，1948：70.
2 史尚宽. 债法总论[M]. 台北：台湾荣泰印书馆，1978：145.
3 杨立新. 人格权法[M]. 北京：法律出版社，2006：507.

的主体是特定的，专属于自然人和法人。在人格权中，只有少数权利的主体包括自然人和法人，名誉权是其中之一。二是指名誉权不能转让或继承。公民从出生之日、法人从成立之日起享有名誉权，任何个人或组织都无权剥夺，并且此种权利专属于名誉主体，不能转让或继承，较之法人名称权的自由转让，体现了极强的专属性。

2. 名誉权的客体是名誉利益

这种名誉利益，是自然人和法人就其自身属性和价值所获得的社会评价。自身属性包括自然人的品德、才能和其他素质，以及法人的经营能力、履约能力、经济效益等状况。这是名誉权区别于其他任何具体人格权的最基本特征。

3. 名誉权的基本内容是保有和维护自己的社会评价

名誉权不具有肖像权、姓名权那样的使用价值，只是在于保有自己的名声，维护其名声不受侵害。如果称名誉权的内容包括获得权，则违背了名誉权是固有权的人格权法原理，是不正确的。

4. 名誉权具有绝对性

人格权是绝对权，因而名誉权亦属于绝对权。名誉权的绝对性是指名誉权人可对抗除自己以外的一切人，他人都负有不得侵害名誉权人名誉的义务。

5. 名誉权不具有财产性，但与财产利益相关联

名誉是一种社会评价，名誉权保护的是主体的一种精神利益，而非财产利益。名誉权作为非财产性的人格权，不具有直接的财产价值，也不能产生直接的经济利益，其非财产性表现名誉的好坏并不必然导致经济利益的得失。但是，不能就此否认名誉权没有财产的关联性。名誉权与财产利益的关联性表现在名誉权受损害以后，主体会因补救损害而受到一定的经济损失。同时，还可能导致自然人招聘、晋级、提薪受到影响，或导致法人社会信誉的降低、利润减少等。

三、名誉权的内容

名誉权的内容是民事主体对自身名誉的保有、维护和利益支配。[1]

（一）名誉保有权

民事主体对于自己的名誉享有保有的权利。由于名誉是一种客观的社会评价，权利人无法以主观的力量人为地去改变它、支配它，只能对已获得的名誉予以保有。名誉保有权含两方面：一是保持自己的名誉不降低、不丧失；二是在知悉自己的名誉处于不佳状态时，可以以自己的实际行动改进它。名誉保有权的实质，不是以自己的主观力量左右社会评价，而是通过自己的行为、业绩、创造成果作用于社会，使公众对自己的人格价值予以公正地评价。

（二）名誉维护权

名誉维护权就是名誉权人依据人格权请求权和人格权侵权请求权，对自己的名誉有权予以维护。一方面，对于除了权利人之外的其他任何人都负有不得侵害名誉权的法定义务。另一方面，对于侵害名誉权的行为人，权利人可基于名誉维护权寻求司法保护，要求司法机关对侵权人进行民事制裁，同时对自己遭受损害的权利进行救济。

（三）名誉利益的有限支配权

名誉利益有限支配权也是名誉权的一项重要内容。名誉权人虽然就社会对自己的评价不能够进行支配，但对于名誉权所体现的利益却能够进行支配。自然人、法人可以利用自己良好的名誉，与他人进行广泛的政治、经济交往，使自己获得更好的社会效益和财产效益。但是，名誉利益的支

1　郭卫华，李晓波．中国人身权法律保护判例研究[M]．北京：光明日报出版社出版，2000：149．

配权，不包括抛弃权、处分权。权利人可以不利用名誉利益，但不能将名誉利益任意抛弃，也不得任意转让，更不能由继承人继承。这一点是由名誉权的性质所决定的。

第二节　名誉权制度的发展

一、外国名誉权制度的发展

（一）古代社会外国的名誉权保护

19 世纪 70 年代，人们在非洲西部黄金海岸发现了阿散蒂人的原始社会结构。他们严格地维护个人的名誉和尊严，辱骂一般的平民百姓是私法上的违法行为，辱骂首领则是犯罪行为。表露辱骂他人的意思、露骨的辱骂，乃至用手势做出蔑视他人的表示均是违法的行为，要被处以刑罚或罚金。[1]

巴比伦王朝第六王汉谟拉比（公元前 1792—1750 年）的法典是流传下来的古代东方史上最珍贵的史料之一。《汉谟拉比法典》的第一条和第二条就是对自出民之间名誉侵权行为惩罚的规定："第一条：倘自出民宣誓揭发自出民之罪，控其杀人，而不能证实，揭人之罪者应处死。第二条：倘自出民控自由民犯巫蛊之罪而不能证实，则被控犯巫蛊之罪者应行至于河而投入之。倘彼为河所占有，则控告者可以占领其房屋；倘河为之洗白而彼仍无恙，则控彼巫蛊者应处死，投河者取得控告者之房屋。"[2]

1　杨立新. 人格权法[M]. 北京：法律出版社，2006：509.
2　法学教材编辑部《外国法制史》编写组. 外国法律史资料选编（上册）[M]. 北京：北京大学出版社，1982：72.

（二）近代域外对名誉权的法律保护

现代各国，绝大多数确认名誉权为具体人格权，予以充分的法律保护。英美法系的诽谤法，就是主要保护名誉权的立法。

在美国，早期普通法院对诽谤这一侵权责任并没有管辖权，而将它留给当地庄园主。庄园主没落后，出基督教法院作为一种罪加以惩罚。随着基督教法院权力的没落，诽谤案牵涉越来越多的"世俗性伤害"，而非纯精神性伤害，普通法院才开始慢慢取代了对诽谤案的诉讼管辖。从 20 世纪 60 年代以来，美国联邦法院审理的有关名誉权保护或诽谤案件逐渐增加，言论自由和名誉权保护之间的关系受到重视。今天，保护名誉权不仅是一个民事法律问题，也成为一个重要的宪法问题。

亚洲方面，第二次世界大战以前，日本民法没有明确确认一般人格权或人格尊严的保护。"二战"后，日本进行了一次根本性的法制改革，涉及民事法律制度，最重要之一是在 1947 年以第二百二十二条法律追加了民法典第一条之一和之二。《日本民法典》第一条之二规定："对于本法，应以个人尊严及两性实质的平等为主旨而予以解释。"个人尊严，显然包括对名誉的保护。

二、我国对名誉权的法律保护

（一）我国古代对名誉权的保护

我国从西周到清代的封建法律，都或多或少有关于侮辱诽谤的规定，将侮辱、诽谤行为作为犯罪予以制裁。立法规定对流内议贵者、詈内外亲戚、詈父母祖父母、詈舅姑、詈夫、奴婢詈旧主等，均认其为犯罪行为，予以刑罚制裁，旨在于保尊者的名誉。

我国从清朝末年开始学习西方法律制度，缓慢而又曲折地走向现代法治的道路。《大清民律草案》关于名誉权的规定，由于受了列强法律思想的影响，基本承袭了《日本民法典》，但是可以肯定的是，这部《草案》在关于名誉权保护方面是具有进步意义的。它将人格权单独作为一节，并且规定了较为完备的概念和赔偿制度，对于名誉权保护的制度设计比较全面。

（二）新中国成立后对名誉权的保护

2010 年实行的《中华人民共和国侵权责任法》在条文中明确规定了名誉权属于民事权益的一种，且明确规定了侵害名誉权时可以享有的救济方式。在《侵权责任法司法解释》中，又肯定了死者的名誉受到法律保护。最高司法机关通过一系列司法解释，在司法上进一步完善了我国名誉权法律保护的体系。2017 年，《中华人民共和国民法总则》出台，第一百八十五条为"侵害英雄烈士的姓名、肖像、名誉、荣誉，损害社会公共利益的，应当承担民事责任"。明确规定保护死者的名誉利益，并且对英雄烈士的利益保护提起的诉讼，不受时间、近亲属的限制，可以提起公益诉讼。可以说，这是一项既符合我国国情，又体现了保护名誉权的立法宗旨的规定。

第三节　侵害名誉权的认定

一、侵害名誉权的责任构成要件

侵害名誉权的民事侵权行为是一种基于过错责任原则认定的一般责任侵权行为，名誉权侵权构成采用四要件说为宜。基于以上，侵害名誉权的责任构成要件应当为：行为人实施侵害名誉权的行为、受害人名誉受到损害的事实、名誉权侵权行为与受害人名誉受到损害之间存在因果关系、行为人有过错。

（一）行为人实施侵害名誉权的行为

1. 行为方式

（1）作为

名誉权是绝对权，任何人都负有不得侵犯的不作为义务，行为人违反了这种不作为义务，就构成了作为的侵权行为。[1]

侮辱，是指侵害人以文字、语言、行为等其他方式公开贬低他人人格，毁损他人名誉的违法行为。[2]它不仅否定他人的外在价值，更主要的是对他人内在价值的侵害。侮辱行为具体可分为三类：①书面侮辱，是指以书面的文字或图画形式辱骂、嘲笑他人，贬损他人人格的行为。[3]②口头侮辱，即以口头语言对他人进行嘲笑、辱骂，使他人蒙受耻辱，贬低他人人格，如用肮脏、下流的语言谩骂他人，以猥亵的语言辱骂妇女。③暴力侮辱，即对受害人施加暴力或以暴力相威胁致使其受侮辱，致使名誉受到损害；强令受害人从自己胯下爬过等。

诽谤，是世界各国所公认的侵害名誉权的行为，是指行为人不法传播不利于特定人名誉的虚伪事实而使受害人的名誉受到损害的一种民事侵权行为。由于侵害人在诽谤时往往会编造一些无中生有的事实，夸大情节，并加以广泛传播，因而诽谤造成的损害后果应与侮辱相当，甚至超过侮辱，受害者往往会受到较大的精神损害。[4]但是，若是传播真实的事实或作客观真实的评论，即使不利于受害人，也不构成对受害人名誉权的侵害，而只能构成侵犯隐私权等其他民事权利。

（2）不作为

侵害名誉权的违法行为的基本方式，是作为的方式。但是，在特殊情况下，法律赋予了具有特殊身份的人（包括自然人和法人）负有作为的积

---

1 杨立新. 人格权法[M]. 北京：法律出版社，2006：514.
2 张红. 人格权各论[M]. 北京：高等教育出版社，2016.
3 王利明. 民法·侵权行为法[M]. 北京：中国人民大学出版社，1993：285.
4 同2：293.

极义务来保护他人的名誉权。在这种情况下，行为人未尽积极义务，应当采取积极措施防止侵害他人名誉权而未为之，这种不作为也构成侵害名誉权的违法行为。[1]

以不作为方式侵害名誉权的情况，一是行为人依其职责负有保护他人名誉权的特别作为义务，违反之，为不作为的侵害名誉权行为。[2]根据《最高人民法院关于审理名誉权案件若干问题的解答》第七条第四款规定："因新闻报道严重失实，致他人名誉受到损害的，应按照侵害他人名誉权处理。"二是行为人基于前一个行为而产生作为的义务，违反作为义务而不作为，构成不作为的侵害名誉权行为。[3]例如报刊在发表了侵害名誉权的文章后，便负有更正的作为义务，如果明知刊登的内容侵权而不更正或者继续刊登，即构成不作为的侵害名誉权。

2. 侵害行为必须指向特定人

无论是侮辱、诽谤，还是其他具有贬损他人名誉性质的行为，要构成对名誉权的侵害，必须具有特定的侵害对象，也就是说，毁损名誉的行为必须指向特定的人。从名誉权的特点来看，任何名誉权都具有特定性，即只能为特定的人所享有，因而，侵害名誉权只有针对特定的人实施，才能造成对该人的社会评价的降低，从而构成对名誉权的侵害。[4]如果行为人的行为未指向特定的对象，而是指向一般人或者某些人，则不构成对名誉权的侵权。

特定的人一般应包括以下情形：第一，指名道姓，有明确所指。第二，虽未指名道姓，但侵权人的表述足以使人认定为某人，例如描述某个人的相貌特征、语言特征、行为习惯等，足以使人认定为某人。通常情况下，行为人泛指某方面的人时不构成侵害名誉权。第三，以真人真事为素材创作小说、剧本等文学艺术作品，如果作品内容能使他人认定为某人，则作

1 杨立新. 人格权法[M]. 北京：法律出版社，2006：514.
2 同上.
3 同上.
4 张新宝. 名誉权的法律保护[M]. 北京：中国政法大学出版社，1997：136.

者的行为应视为指向了特定的人。

3. 侵害行为必须被第三人知悉

名誉是公众对特定的人的评价，贬损他人名誉的行为必须为受害人以外的人知悉，才能导致降低对受害人的评价；如果行为不被受害人以外的人知悉，不能构成侵害名誉权。例如两人吵架过程中，一方辱骂对方，语言不堪入耳，使对方造成精神伤害，但没有第三人知悉，不是侵害名誉权。这种情况属于侵害公民人格权的行为，是侵害了人格尊严，但是不构成侵害名誉权。

受害人以外的第三人指任何第三人或较多的人，人数不限。名誉是公众对特定的人的社会评价，主要指以公众的一般观念为标准。并非很多人知悉贬损特定的人的行为，才构成侵害名誉权，只要有一个人知悉，就可以认定受害人在其心目中已受影响。知悉人的多少仅表明影响的大小，即受损害的大小而已。[1]

（二）受害人名誉受到损害的事实

受害人名誉受到损害包括以下三方面。

1. 名誉利益损害

名誉权的客体是名誉，名誉是一种社会评价，那么在认定受害人的名誉是否遭到侵害时，应当以第三人对受害人的社会评价是否降低作为标准，而不是以受害人自我感觉为依据。名誉权作为人格权的一种，人格方面的损害是主要的，侵权行为人对受害人实施了侮辱、诽谤及其他侵害其名誉权的行为，第三人知悉了这一侵害行为，进而影响第三人对受害人的评价，并降低了受害人一般的社会评价，这是名誉权受到损害最直接的损害结果。加害人的行为使受害人社会评价降低之后导致的必然结果是：（1）社会其他成员对其产生不良的看法，出现不利于受害人的各种议论、评论甚至

---

1 魏振瀛. 侵害名誉权的认定[J]. 中外法学，1990(1)：12.

攻击等；（2）使第三人不信任、轻视、厌恶受害人，可能不与其交往，使受害人在社会生活中受到孤立、冷落等；（3）不给其提供合作的机会或提供可能的方便，使受害人在其职业、职务、营业等方面发生或者可能发生困难。如果不存在受害人社会评价降低的事实，则不会造成这些恶劣影响，也不会构成对名誉的侵权。

对受害人社会评价的降低是第三人的评价，这一评价有可能外化为其态度或行为，影响第三人与受害人的关系，也有可能仅仅存在于第三人的心中，不作任何的外部表现，社会评价降低这一损害后果变得难以确定。

在一般的侵权案件中，总是坚持谁主张，谁举证的原则，要求受害人对其受到的损害举出证据予以证明。但是鉴于社会评价难以量化、确定，要求受害人对其予以举证是相当困难的。

2. 精神损害

精神损害是一种主观的精神状态，带有很大的主观性。当受害人的名誉受到侵害，其社会评价不断降低时，受害人往往会有反常的精神表现，如悲伤、忧虑、怨恨、愤怒、暴躁、失望、悲伤等，有时还可能出现失眠、记忆减退、反应迟钝等情形，情况严重的，还可能长期存在精神方面的疾病，这就是侵害他人名誉所造成的精神损害的具体表现。精神损害是侵害自然人名誉权的间接后果，它以名誉权损害为前提，又是名誉权案损害的外在表现。但是由于性格、思维等方面的原因，同一侵害名誉权的行为针对不同的人会有不同的反应。有的受害人会受到严重的精神损害，有的受害人可能受到轻微的精神损害，甚至有的人并无精神上的损害。所以，在名誉权侵权行为中，受害人社会评价降低并不一定会受到精神损害，二者没有必然的联系。并且精神损害是公民名誉权受到侵害后出现的一种特有的精神现象，法人不存在精神损害的问题。

在确定精神受损害的程度时，不能只根据受害人对侵权行为的反应是否强烈，受害人是否把自己的内心痛苦表现出来，还要考虑到侵权行为在一般情况下可能给受害人造成的精神痛苦，具体包括加害人的主观状态，加害行为的情节及手段、行为内容的恶劣程度、影响范围的大小等。[1] 综合以上因素，让受害人对自己所受的精神损害举出证据予以证明，是十分困难的。但是若采取同判断社会评价是否降低一样的事实推定方法，即只要侵害行为被第三人知悉，就存在精神损害，既不符合实际又片面加重了加害人的责任，使受害人与加害人的权利失衡。因此，对精神损害的判定，不宜采用事实推定的方法。

3. 财产利益损害

名誉权作为具体人格权的一种，侵害名誉权的行为并不会直接造成财产利益的损失，所以财产利益的损害并不是名誉权受侵害的直接后果，而是一种附带性的间接后果。主要包括：（1）受害人名誉利益受损后，不给提供或者取消与其合作的机会，使受害人在其职业、职务、营业等方面发生困难，导致经济利益减少或者丧失；（2）自然人因治疗精神损害而支付医疗费用、咨询费用等；（3）受害人为了维护自己的名誉权，针对加害人的侵权行为进行澄清事实、提起诉讼支付的必要费用等。这些附带的财产损失需要受害人进行举证，不适用推定原则。

（三）侵害名誉权的行为与受害人名誉受到损害之间存在因果关系

法律上的因果关系是指损害结果和造成损害结果的原因之间的关联性，他是各种法律责任中确认责任归属的基础。[2] 侵害行为与损害事实之间有因果关系也是侵害名誉权的构成要件之一，如果受害人的名誉权被侵害与侵害行为无关，或者加害人实施了侵害行为，但受害人的名誉并未受损，则均不能将加害人的行为认定为侵害名誉权行为，要求其承担责任。

侵害名誉权的违法行为与损害事实间的因果关系具有特殊性，主要表

---

1 杨立新. 人格权法[M]. 北京：法律出版社，2006：518.
2 王利明. 侵权责任法研究(上)[M]. 北京：中国人民大学出版社，2010：372.

现在，侵害名誉权的许多违法行为并不直接造成受害人出现损害结果，而是通过社会的评价或者心理的作用这一环节，使受害人名誉利益、精神痛苦、财产利益受到损害，对侵权行为与损害结果没有必然性的直接因果关系。在判断因果关系存在时，应当由受害人加以举证和证明。但是针对不同的损害后果，处理方法又不同。侵害名誉权行为与名誉利益受损害即社会评价降低之间的因果关系采取推定方法。但是对于侵害名誉权行为与受害人精神损害之间的因果关系，则需要受害人予以证明，导致受害人精神痛苦的原因并非只有名誉权侵权行为，在举证过程中，应当注意多因一果、多因多果现象的发生。如果精神损害的后果是由多因所至，加害人只是承担相应的部分责任，而不是承担全部责任。对于附带的财产利益的损失与侵害名誉权的行为是否存在因果关系，也需要受害人举证，赔偿数额以实际损失为限。

（四）行为人有过错

在我国，名誉侵权行为是一般侵权行为，确定侵害名誉权的责任的归责原则是过错责任原则。因此，行为人主观上有过错，是构成侵害名誉权的重要条件。

对于故意作为侵害名誉权的构成要件，理论上均无争议，实践中侵害名誉权案件大多也都是由故意造成的。对于过失能否作为侵害名誉权的构成要件，不但学术上有争议，各国审判实践中的做法也各不相同。如联邦德国认为过失侵害他人名誉不构成侵权行为，而日本主张不区分故意与过失，只要损害他人名誉，均构成侵权行为。我国法律对此没有明确规定。

但基于侵权民事责任的立法宗旨是充分有效、全面地保护当事人的合法权益，禁止以任何方式侵害民事主体的合法权益，所以对于名誉权的保护，防止对其不当的损害，不论是故意还是过失，行为人一旦造成他人的名誉受损，就应承担相应的民事责任。其次，对受害人社会评价的降低与否是判断名誉权是否受损的主要依据，而过失和故意一样，同样也会产生社会评价降低的后果，都可能附带精神损害和一定的财产损失，因此主观过失也构成对名誉权的侵害。在故意侵权的情况下，表明行为人主观上具有恶意，应当承担较重的赔偿责任，甚至构成侮辱、诽谤罪，承担刑事责任，而在过失侵权的情况下，应当适当减轻行为人的责任。

三、侵害名誉权的抗辩事由

（一）内容真实

内容真实，是指行为人言辞的主要内容是真实的、符合现实际情况的。"真实"并不意味着每一个细节都是准确无误的，只是要求与本案有关的关键言辞是否真实。既然诽谤是指捏造虚假的事实而毁损他人的名誉，那么行为人陈述的事实是真实的，就不构成诽谤。《最高人民法院关于审理名誉权案件若干问题的解答》第八条规定："文章反映的问题虽基本属实，但有侮辱他人人格的内容，使他人名誉受到侵害的，应认定为侵害他人名誉权。"这就是说在内容真实但有侮辱行为的情况下，也可以构成侵害名誉权。由此可以看出事实陈述也有一定的限制，只有在传播的内容基本真实且没有侮辱他人才构成名誉权侵权中主张免除或减轻民事责任的抗辩事由。

（二）受害人同意

受害人的同意，是指受害人事前同意行为人在其所自愿承担的损害结果的范围内实施侵害，并且明确表示愿意承担损害结果，不追究行为人的民事责任。

通常表现为两种情况：一是受害人明确请求损害，如受害者将有损自己名誉的照片主动提供给报社此种情节较为少见；二是受害人默示承担损害结果，如明知对方为记者，并接受采访，问题回答中涉及损害自己名誉的事实。对于受害人允诺造成损害的情况，我国民法没有规定可否作为免责条件，但在刑法上规定了被害人承诺，即对法益有处分权限人的承诺，而使原来损害该法益的行为不再被认定具有违法性的情形，所以在民法的理论和实务上也承认可以以受害同意为免责条件。不过，以受害人同意来免除民事责任，需满足严格的条件。

（三）正当行使权利

正当行使权利是指根据法律的授权或有关规定，在必要时因正当行使权利而有损他人的名誉。正当行使权利必须具备以下要件：第一，必须要有合法的授权或依据法律规定享有实施某种行为的权利。正当行使权利之所以能成为抗辩事由，是因为此种行为符合法律规定。如果是超越法定授权的行为或行为所依据的法律和法规已经失效或被撤销，或行为本身不符合法律的要求，则不得视为正当行使权利。第二，正当行使权利的行为是必要的。正当行使权利的行为并不是在任何情况下都会造成对公民人格权的侵害，只有在必须行使权利而且行使权利会对他人造成损害的情况下，正当行使权利才能成为抗辩事由。正当行使权利是指根据法律的授权或有关规定，在必要时因正当行使权利而有损他人的名誉。

（四）正当舆论监督

所谓舆论监督，是指新闻工作者以及其他人依法通过新闻媒介发表评论，对社会的政治生活、经济生活、文化生活等方面进行批评，实行监督。舆论监督属于新闻自由的范围，它是维护社会正常运行、维护国家利益和公共利益的重要措施。舆论监督不健全，社会就不可能具有自我发展和更新的蓬勃生机，从而也就不可能保障社会的正常运行。因此，法律必须保护公民正当行使舆论监督权。[1]表达自由是公民重要的政治权利，是维系一个民主的健康、有序的社会的必要保证。在实践中，新闻工作者或其他人，

---

1 申应东. 新闻自由与名誉侵权抗辩[D]. 中国人民大学，2004：22.

为披露不法行为和不正当的行为，在新闻媒体上发表报道和评论，即使是在个别细节上有失真实或用词造句不当，也不能认为构成侵权。因为受新闻机构的工作程序、新闻报道的及时性、作者调查的非强制性等多种因素的限制，个别细节性问题的失实有时是难免的。如果任何轻微的事实失实或评论失当，都要由行为人负责，人们将失去表达的自由。

（五）第三人过错

第三人过错，即因为原、被告之外的第三人的原因，对原告遭受毁损名誉结果的发生具有过错。在第三人造成损害的情况下，损害纯粹是由第三人的过错造成的，则不能认为被告具有过错。但如果第三人的行为是根据被告的意志实施的，或在实施此行为时得到被告的同意，则被告不能被免除责任。若纯粹由第三人造成损害的情况下，由第三人承担侵害名誉权的责任。若在被告人和第三人均有过错的情况下，由被告人和第三人按过错程度各自承担相应的责任。

第四节　侵害名誉权的民事责任

一、非财产责任

（一）停止侵害

停止侵害，必须是在侵害名誉权的行为尚在进行之时，对于已经终止和尚未实施的侵权行为，不适用停止侵害的民事责任方式。名誉权受到侵害的当事人或者其监护人、利害关系人可以请求侵权人自觉停止侵权行为；如果侵权人没有停止侵权行为，那么其有权向人民法院提起诉讼，请求法院采取强制手段，迫使侵权人停止侵害名誉权的行为。例如，具有诽谤他人名誉权内容的书刊正在发行，受害人有权要求停止发行或予以销毁。

（二）恢复名誉、消除影响、赔礼道歉

恢复名誉是指在行为人的行为造成他人名誉毁损的情况下，受害人有权要求行为人采取各种合理的措施消除影响，使已经遭受损害的名誉尽可能得到恢复。恢复名誉的责任是侵害名誉权所特有的形式。也就是说，此种责任形式只是在侵害名誉权的情况下才能采用，对于侵害其他人格权的行为一般不采用这种方式。严格地说，在名誉权遭受侵害的情况下，已经遭受损害的名誉不可能像遭受损害的财产一样，完全恢复原状。但是仍然可以通过一些积极的行为澄清事实，纠正诽谤的言论。在特定的范围内，消除公众对受害人的不良印象，尽可能地使受害人的名誉得到恢复。只有使加害人承担恢复名誉的责任，才能彻底消除侵害名誉权的直接后果，消除造成受害人精神痛苦和财产损失的来源。

二、损害赔偿

赔偿损失是现代民法中最为重要的和主要的承担侵权民事责任的方式。我国侵权行为法中广泛地规定了赔偿损失这一承担侵权民事责任的方式。

赔偿损失，是指加害人的行为造成他人财产损失、人身伤亡或者精神损害，以加害人的财产来赔偿受害人所受到的损失的一种民事责任方式。实践中，多以加害人支付一定金钱或实物作为赔偿。赔偿的数额主要是由受害人的受害程度决定的。一种观点认为，毁损名誉的事实本事就是损害，或者推定名誉受损本身即构成损害。另一种观点认为，仅有名誉受损的事实是不够的，受害人还必须证明遭受了财产损害和精神损害。[1]王利明认为，

---

1 ROGERS W.V.H.,ed.*Damages for Non-Pecuniary Loss in a Comparative Perspective*[M]. Wien: Springer Verlag,2001:280.

名誉受损的事实不是损害赔偿意义上的损害，否则就是在把名誉本身当成可交易的商品。在毁损名誉的情况下，损害是指因毁损名誉所造成的财产损害和精神损害。[1]

可见，损害主要包括两类。

一是财产损害。从法律上说，名誉权本身不是财产，不具有可以交换的经济利益，但此种权利直接关系到公民和法人的财产权的取得和丧失，因此侵害名誉权也会影响到公民和法人的财产问题。如公民因遭受名誉的毁损而丧失某种工作的机会；法人因名誉受到毁损而丧失缔约机会或者产品滞销，从而遭受财产的重大损失。从法律上说，名誉权本身不是财产，不具有可以交换的经济利益，但由于此种权利直接关系到公民财产权的取得和丧失，因此侵害名誉权也会影响到公民的财产问题。财产损失既包括现有财产的损失，也包括可得利益的丧失。只要是侵害名誉权所引起的后果，受害人都可以要求赔偿。但要求财产损害赔偿必须证明损害的发生。财产损失的赔偿数额应当按照受害人造成的实际损失来计算，比如受害人因为社会评价降低而失去工作、生病及其他损失。权利人因为名誉受到侵害所造成的心理上的痛苦，是无法用金钱计算的。

二是精神损害。精神损害主要是指受害人因名誉遭受损害而遭受精神上的痛苦或其他不良情绪。对精神损害予以赔偿，既可以有效地抚慰受害人，又可以制裁不法行为。损害赔偿和恢复名誉可以并用也可以分别采用。一方面，在侵害名誉权的情况下，如果只造成受害人的名誉受损而没有财产损失或精神痛苦，则没有必要赔偿损失。另一方面，受害人在既遭受名誉毁损、又遭受精神痛苦的情况下，也可以仅选择要求恢复名誉或赔偿损害，而并不要求同时适用两种责任形式。在此情况下，应该充分尊重受害人选择的机会，而不能在受害人未提出请求的情况下，法院判定加害人承担此类责任。

---

1 王利明. 人格权法研究[M]. 北京：中国人民大学出版社，2005：534.

一般来讲，单纯的名誉受损，并没有引发财产损害和精神损害的，不能够主张赔偿。如果名誉本身也可以作为赔偿的对象，将导致人格利益商品化的后果。所以，对于名誉受损，没有产生财产损害或精神损害，只能够采取其他损害赔偿方式，而不能够采取财产性质的损害赔偿。

第十三章　隐私权

第一节　隐私权概述

一、隐私的概念和内涵

（一）隐私的概念

隐私，包含两个可拆分的且具有独立意思的构成要件，一为"私"，二为"隐"，"私"是"隐"的前提。将这两个要件有机地结合起来，才能对隐私进行正确理解。

"隐私"中"私"的含义与"公"的含义是相对的，隐私的本质所在是因为它是基于个人的，是与群体利益、公共利益无关的。对"私"的界定具有客观性，它必须是真实存在的客观事实。它与个人具有极强的关联性，是直接来源个人的，包括人生经历、特殊情感经历、特异体质或者生活琐事等。"私"只有通过这些才能够直接或间接地判断出是当事人的事情。

而"隐"所表达的含义是隐藏不露，具体是指一种当事人不愿为他人知悉、介入和分享的主观意识。出于心理或道德等因素，侵犯隐私会对名誉、精神，以及正常生活造成不利的影响，进而人们对此会有排斥心理。

（二）隐私的特征

隐私应当具有如下特征。

1. 非公开性，也被称为隐秘性

隐私是个人没有公开的信息、资料、领域等，是自然人不愿与他人分享的私人秘密。倘若隐私的内容已经公布于世，则该内容就不应当属于隐私的范畴，或者对该隐私的保护有一定的局限。如果根据国家相关的法律法规，个人的有关信息必须公开，那么在该必须公开的范围内，这些个人信息不受隐私法的保护。

2. 人格性

第一，隐私的主体是自然人，而非法人，由于隐私源于人的羞耻感和与外界的独立性，故只有自然人才可以成为享有隐私的主体。第二，隐私必须直接体现为自然人的人格利益，自然人人格完善和健康发展是保护隐私所必不可少的。随着社会发展和科技进步，隐私的范围日益扩张，例如网络隐私、基因隐私、生命信息等，究竟是否将其纳入隐私的范围，需要看其是否具有人格性，是否直接体现了权利人的人格利益。

3. 私人性

隐私是个人的自然权利，它与民事主体始终共存，既不能基于某种原因而被剥夺，也不能因某种事实而丧失。私人性包含：第一，隐私是与公共利益和公共事务无关的，纯粹属于私人的信息、活动、空间等。人们在社会生活中生活，必须和他人产生一定的社会关系，但是每个人都有其自身不愿意公开的信息，只要不损害社会和公共利益，就应当受到隐私法的保护。[1]但是对隐私的保护是有限的，要受到公序良俗原则和公共利益的限制。例如，个人犯罪的信息是不应当属于隐私的，也不应当受到隐私权的保护。第二，隐私是纯粹属于自身的个人信息、活动、空间等。例如，公开自己与他人的恋爱史，因为涉及他人的隐私而有可能会侵害他人的隐

---

1 杨立新. 人格权法[M]. 北京：法律出版社，2011：669.

私权。第三，隐私是应当受到法律保护的私人秘密。例如，盗取他人财物，虽然也有可能侵害了他人一定的生活秘密，但是，此种利益应当受到财产权的保护，而不能受到隐私权的保护。

二、隐私权的概念和特征

（一）隐私权的产生及概念

1890 年，美国波士顿两位年轻律师塞缪尔·D. 沃伦和路易斯·D. 布兰迪斯在《哈佛法律评论》上共同署名发表了一篇题为"论隐私权"的文章。从此，隐私权才开始作为一个明确的法律概念真正得以确立。该文章从社会的快速发展从而使人们产生了对新权利的需求谈起，认为个人的权利从最初的身体方面扩及名誉方面，最后不可避免地扩及情感和精神方面。该文评价性地指出，人类价值的缩影是隐私的实质，文中将隐私权视为人类尊严不可分割的基础权利，是对人平等尊重的一种人格权。[1]

我国学者对隐私权概念的界定有多种观点。其一，认为隐私权是一种与生活秘密密切相关的权利。佟柔从禁止非法介入的角度将隐私权定义为生活秘密权，是一种以自己的个人私生活秘密和生活自由为内容，禁止他人非法干涉的人格权。[2]王冠从禁止任意公开的角度，认为隐私权是指隐瞒纯属个人的私事和秘密，未经允许不得公开的权利。[3]

其二采取列举的方式，认为隐私权是一种包括了所有隐私利益的抽象的概念和权利。根据对隐私内容的不同认识，不同学者对隐私权的定义有其不同的观点。比如杨立新认为，隐私权是自然人依法享有的，对其个人的、与公共利益无关的私人信息、私人活动和私人空间进行自主支配的具体人

---

1 艾伦，托克音顿. 美国隐私法：学说、判例与立法[M]. 冯建妹，石宏，等译. 北京：中国民主法治出版社，2004：16.
2 佟柔. 中国民法[M]. 北京：法律出版社，1987：487.
3 王冠. 论人格权(上)[J]. 政法论坛，1991(3)：50.

格权。[1]而张新宝则认为，隐私权是指自然人依法享有的私人生活安宁与私人信息秘密依法受到保护，不被他人非法知悉、利用、搜集、侵扰和公开的一种人格权。[2]

（二）隐私权的特征

1. 隐私权的主体具有特定性

隐私权的主体仅限于自然人，隐私本身源于自然人的精神活动，隐私权的起源和创设目的也体现了对自然人人格尊严的维护，这是法人或非法人组织所不具备的。隐私权在属性上也以精神利益为主，法人及非法人其他组织不具有精神利益，只有财产利益，不可能享有隐私权。也正因如此，法人或非法人组织的秘密作为一种财产利益，以商业秘密和经营秘密受到知识产权法和反不正当竞争法的保护，不属于人格权法保护的范畴。

2. 隐私权的内容具有广泛性

隐私权的权利内容十分广泛是其难点之一，随着现代社会的发展，人们越来越重视自己的隐私，凡是与公共利益无关的个人事务，包括私人信息、私人活动、私人领域的一切内容都应当属于隐私权的保护范围。甚至将个人私生活的安宁状态等也纳入隐私权的保护范围中。因此，可以说隐私权是一系列权利的集合。由于隐私权内容过于宽泛，如果法律没有明确的限制，会容易导致滥诉的现象。

3. 隐私权的性质具有对世性

隐私权属于绝对权，具有强烈的排他性，其义务主体为除权利人以外的一切人，任何人都负有不得侵害权利主体的隐私权的义务，禁止任何人非法刺探、知悉、利用、公开和侵扰个人隐私。义务主体如果不履行其义务，则会承担相应的法律责任。

---

1 杨立新. 人格权法[M]. 北京：中国法制出版社，2006：304.
2 张新宝. 隐私权的法律保护[M]. 北京：群众出版社，2004：12.

三、隐私权的内容

在隐私权内容上，国内学者的观点较为统一，认为隐私权具有如下内容：隐私支配权、隐私隐瞒权、隐私维护权、隐私利用权。

（一）隐私支配权

隐私支配权是指自然人享有按照自己意愿对隐私进行支配的权利。主要包括以下方面：

一是权利主体自愿公开部分隐私。公开个人隐私，是权利人可以公开自己的隐私与他人进行交流，且应当依照权利主体的意志决定公开的内容、方式和传播的范围，这是权利主体对自己隐私权的有效处分。隐私公开权的行使，不要求权利人亲自为之，其可以在事前允许他人代为公开，或者在他人公开隐私后追认同意。由于隐私具有非公开性，一旦隐私公开后，权利人在公开范围内的部分便不再享有隐私权。

二是权利主体可以准许他人察知私人信息、私人活动，进入私人领域。例如权利人允许他人了解自己的生活经历、个人秘密，允许他人进入自己的住所参观、在自己卧室居住，允许他人观看自己日记等。

三是权利主体可准许他人利用自己的隐私。隐私支配权表现为权利人准许他人利用自己的隐私，这点与权利人自己利用隐私不同，其实质是对自己隐私权的有限转让。

（二）隐私隐瞒权

隐私隐瞒权，是指权利主体有权隐瞒自己的隐私，保护其不被他人知悉、非法披露和公开的权利。只要不违反国家公共利益和社会安全，对于纯粹私生活领域的无关公共利益的个人隐私，个人享有自主决定权，无论是有利于或者不利于权利主体的个人隐私，权利人都有权隐瞒，不对他人言明。隐瞒隐私是为了防止隐私泄露出去从而导致人格尊严的损害和不良后果，这是维护自己的人格尊严和人格利益的需要。

（三）隐私维护权

隐私权在性质上是对世权，其特点是权利主体为特定的人，而义务主体是除权利主体以外任何不确定的人，也包括公权力机关。其内容是在未经权利人许可的情况下，任何主体都负有不得侵害权利人隐私权的义务，即权利主体享有排除他人对自己隐私侵害的权利。从这个意义上讲，隐私权也可称为隐私维护权。

隐私维护权是指隐私权主体有权维护自己的隐私不受侵害，若隐私权受到非法侵害，一方面可以进行私力救济，另一方面可以向司法机关寻求公力救济。隐私权是一种具体人格权，具有对世性，为了维护社会公共利益、社会安定等社会化趋势，就需要对隐私权的行使加以限制，应当受到公共利益和其他在位阶上更高权利的限制。

（四）隐私利用权

隐私利用权相对于隐私隐瞒权是一种积极的权利，其主要是指权利主体对自己的个人隐私进行自我利用，以满足自己精神、物质等方面的需求，但这种利用不包括允许他人利用自己的隐私。在社会生活中，权利主体可以利用自己丰富的生活经历创作出文学作品，利用自己的人体隐私、容貌、身体特征创作绘画、摄影作品，不仅可以满足自己的精神追求，也可以创造物质价值，并丰富社会大众的精神文化需求。

第二节 域外关于隐私权的比较研究

一、美国隐私权的法律保护

美国是最早提出隐私权理论的国家，也是目前隐私权法律保护最为完善的国家。隐私权开始成为一项宪法权利在美国正式确立，是由于 20 世纪六七十年代，受到"康涅狄格州禁止避孕案"和"得克萨斯州禁止堕胎案"的影响。这两个案件直接促成了美国宪法对隐私权的直接承认和保护。

美国宪法没有直接对公民隐私权不受侵犯进行规定，但是联邦最高法院大法官们通过对宪法有关条款进行解释后认为，在宪法第一、三、四、五、九修正案中都隐含着宪法对隐私权保护的依据。因此可以看出，美国宪法对隐私权的保护是通过宪法解释完成的。

根据社会的需求，美国在宪法之外，制定了包括《隐私权法》《财务隐私权利法》《隐私权保护法》等其他规范来完善保护公民隐私权的法律体系。这些法律规范对规制行政权力与保护公民隐私权起到了十分重要的作用。

二、德国隐私权的民法保护

19 世纪末，德国学者首次提出"一般人格权"的概念，但由于当时德国的社会背景，人格权的概念并没有受到德国法律的直接保障，也并没有被承认其属于《德国民法典》第八百二十三条损害赔偿的保护范围。到了 20 世纪中期，统一法制定后，才将大部分纳粹时期扭曲人权的法规全面废除。一般人格权是在 1949 年《德国基本法》中被承认，并保护人格的自由发展。

在防止公权力对公民隐私权的侵害这一问题上，除了援引基本法第一条人格尊严和第二条人格自由发展的规定之外，德国还颁布了《联邦个人资料保护法》《联邦数据保护法》等特别立法对公权力进行规制，以更好地保护公民隐私权。并且，德国为了公民隐私权在受到国家侵害时为寻求救济提供依据，在 1981 年《德意志联邦共和国国家赔偿法》中设定了精神损害的国家赔偿责任。

第三节　我国隐私权制度的变革

随着我国社会经济发展水平的提高和人民思想的开放，人格权益在我国法律规范内逐步建立并丰富起来。隐私权从无到有，经历了一个漫长而曲折的发展过程，最终使其成为我国民法体系中一项独立的民事权利。

一、1949—1986 年，立法空白阶段

隐私的概念古已有之，但在 1986 年以前，我国对于隐私权的规定处在一个漫长的立法空白期。在 1949 年后很长一段时间里，除了婚姻家庭方面的民事基本法律外，其他方面包括对精神性人格权保护的民事法律迟迟未能制定，因此法律意义上的隐私权自然无从谈起，也没有对其法律保护的主张。[1]

二、1987—2000 年，以名誉权保护阶段

1986 年颁布《民法通则》，于 1987 年 1 月 1 日开始施行，也只有在作为民事基本法的《民法通则》颁布的基础上，我国法律意义上的隐私权才正式进入发展轨道。但是，在《民法通则》条文中并没有单独规定"隐私权"，在第一百零一条关于名誉权的规定中也未看到对隐私利益保护的

1　张新宝. 我国隐私权保护法律制度的发展[J]. 检察官学院学报，2010(2)：11.

身影，而是以"人格尊严"作为概括性的抽象概念进行保护，为此公民寻求隐私利益保护的救济有很大的局限。

1988 年颁布《关于贯彻执行〈中华人民共和国民法通则〉若干问题的意见》，在第一百四十条第一款使用了"隐私"一词，规定："以书面、口头等形式宣扬他人的隐私，或者捏造事实公然丑化他人人格，以及用侮辱等方式损害他人名誉，造成一定影响的，应当认定为侵害公民名誉权的行为。"这是我国正式将宣扬他人隐私，造成一定影响的行为规定为侵害名誉权行为的法律，也是对《民法通则》中"人格尊严"内容的具体拓展。

1993 年出台《最高人民法院关于审理名誉权案件若干问题的解答》，其中第七条第三款、第九条第二款延续了《民通意见》第一百四十条，将侵害他人隐私的行为认定为侵害名誉权的行为，并将"未经他人同意，擅自公布他人的隐私材料致他人名誉受到损害"和"发表披露特定人隐私内容的文学作品且损害他人名誉"两种侵权行为类型增加在侵权行为的方式上。

三、2001—2009 年，以隐私利益保护阶段

2001 年最高人民法院出台《关于确定民事侵权精神损害赔偿责任若干问题的解释》，我国法律关于隐私权的发展进入到以隐私利益保护阶段。该《解释》第一条第二款规定："违反社会公共利益、社会公德侵害他人隐私或者其他人格利益，受害人以侵权为由向人民法院起诉请求赔偿精神损害的，人民法院应当依法予以受理。"从这一规定可以看出，法律将隐私作为一种独立的人格利益直接进行保护，改变了之前通过名誉权间接保护的模式，这对隐私权在我国法律上的发展起到了推动作用。

四、2010 年至今，隐私权立法保护阶段

《侵权责任法》第二条规定："侵害民事权益，应当依照本法承担侵权责任。本法所称民事权益，包括生命权、健康权、姓名权、名誉权、荣誉权、

肖像权、隐私权、婚姻自主权、监护权、所有权、用益物权、担保物权、著作权、专利权、商标专用权、发现权、股权、继承权等人身、财产权益。"第二十二条规定："侵害他人人身权益，造成他人严重精神损害的，被侵权人可以请求精神损害赔偿。"第六十二条规定："医疗机构及其医务人员应当对患者的隐私保密。泄露患者隐私或者未经患者同意公开其病历资料，造成患者损害的，应当承担侵权责任。"该法第一次以民事基本法律的形式对隐私权的概念进行了明确规定，标志着隐私权在我国法律上的正式确立，法律对隐私权的保护从特殊主体扩大到一般主体，隐私权正式从人格利益上升为独立的人格权利。

《侵权责任法》明确规定了隐私权，但是并未对隐私权的概念、侵犯隐私权的构成要件、归责原则、责任承担方式进行规定。《侵权责任法》实施之后，我国又出台了多部法律对隐私权进行保护。

从 2010 年《侵权责任法》实施开始，隐私权作为独立的民事基本权利得到了法律的肯定，通过一般侵权行为保护隐私权。但是由于人格权法的缺位，导致法律隐私权的概念、范围等具体问题不明，使得《侵权责任法》对隐私权的规定流于形式，实践可操作性不强，因此，我国法律对隐私权的规定也有待完善。

第四节 侵害隐私权的认定

一、侵害隐私权的构成要件

隐私权侵权行为属于一般侵权行为的范畴，其侵权责任的构成即行为人因过错侵害他人民事权益，应当承担侵权责任。侵害隐私权的侵权责任认定仍需要遵循一般的构成要件，即须具备违法行为、损害事实、因果关系和过错四个要件。

（一）侵害隐私权的违法行为

1.行为的违法性

首先，根据《侵权责任法》第二条明确规定，隐私权是受法律保护的民事权益，侵害隐私权的行为是直接违反了法律规定，应当承担侵权责任。侵害隐私权即侵害了他人的合法权益，故该行为具有违法性。其次，隐私权是自然人的人格权，性质为绝对权，任何其他人均负有不可侵害的义务。该种法定义务是不作为义务，违反该法定义务而作为，即为作为的违法行为。最后，侵害隐私权的行为，往往是通过违反公序良俗或社会公共利益的手段来进行的，这种行为需要受到法律的否定性评价。

2.违法行为的类型

隐私权是自然人的一种具体人格权，性质为绝对权，任何其他人均负有不可侵害之义务。只要义务主体不为积极的侵害行为，即为履行义务；反之，即构成对隐私权的侵害。

侵害隐私权是违反保护个人隐私的法律规定而侵害他人隐私权益的行为，一般表现为积极的作为方式。

（1）公开型方式

隐私权也可以被理解为秘密权，即维护自己的隐私秘密不被他人所知的权利。在我国司法解释中，侵害隐私权的行为包括"公布""宣扬"和"披露"，这些都是以公开型的方式侵害他人隐私的行为。这种公开型的方式既可以通过书面形式进行，也可以通过口头形式。他人隐私在绝对保密无他人知晓的情况下，只要将其对外公开，即构成对他人隐私权的侵害；若该隐私只在一小部分范围内为人所知，只要公开超过已知范围，即构成对他人隐私权的侵害。

（2）侵入型方式

侵入型方式与公开型方式是相对的侵权类型，该行为并不以在公开场合进行为必要，只要受害人能证明侵害行为的存在，就可以认定为侵害隐私权的行为。[1]如果说公开型隐私权侵害要求公开的内容必须为他人隐私，那么侵入型则无此要求，即使侵入所获得的信息是与公共相关的信息，比如窃听到的夫妻谈话内容是关于时事新闻的内容，这种行为本身也构成对他人隐私权的侵害。

（二）侵害隐私权的损害事实

隐私是一种信息、一种活动、一种空间领域，也是一种秘密状态。损害隐私的基本形态主要表现为暴露个人隐私，包括个人信息未经权利主体同意而被刺探、被监视、被侵入、被公布、被搅扰、被干预等。它是一种事实状态，即只要隐私被损害的事实存在，就具备侵害隐私权的损害事实。隐私权是否受到损害的事实，既不以侵害人的公开是否有损隐私权人的名誉为判断依据，也不以该事实是否已为第三人知道为前提。隐私权侵害并不要求出现实际的损害。只要行为人的行为致使他人的隐私被侵害或有被侵害的危险，即构成对隐私权侵害的损害后果。

（三）侵害隐私权的行为与隐私权受损害存在因果关系

侵害隐私权的因果关系，是指侵害隐私权违法行为与隐私损害事实之间的引起与被引起的关系。[2]因果关系与损害结果是密不可分的，因果关系是判定一切侵权行为必备的要素。

侵害隐私权的因果关系极易判断，隐私内容被公开而受侵害，行为直接导致后果事实的出现，就认定侵害隐私权行为与隐私受损间具有直接关联性。根据我国民法上"谁主张，这举证"的原则，受害人负有证明自己

---

1 张新宝. 侵权责任法原理[M]. 北京：中国人民大学出版社，2006：194.
2 杨立新. 人格权法[M]. 北京：中国法制出版社，2006：613.

隐私受损害同侵权人行为之间具有因果关系的举证责任。

在隐私权侵权案件中因果关系需从以下方面进行考量：第一，时间上的顺序性。即侵权行为在先，损害后果在后。第二，相对客观性。隐私权侵权中，因果关系的客观性是相对的。即以一般善意人的观点看来，行为足以构成侵害。如果对侵犯隐私权中的因果关系证明困难时，则需要以社会一般人的经验和常识判断其结果是否能证明作为因果关系的成立。

（四）侵权人具有过错

侵害隐私权的行为属于一般侵权行为，采取过错责任的原则，即侵权行为人在主观上必须具备过错才能构成侵权责任，无过错不构成责任。其过错有两种表现形式：一是故意，即预见侵害隐私权的后果却希望或放任该种结果的发生，大部分侵害隐私权都是以主观故意的形式；二是过失，过失也可以构成为侵害隐私权的责任，即疏忽大意的过失和过于自信的过失。

如果加害人侵害他人隐私权的行为符合上述四个责任构成要件，则可以认定加害人构成侵权责任。但是如果加害人主张受害人同意、对公众人物隐私权的限制及知情权等抗辩事由，这些抗辩事由如果成立，一般都可以阻却上述侵权责任的构成，而免除或减轻加害人的侵权责任。如果上述抗辩事由不成立，则可以适用《侵权责任法》第二条和第六条第一款的上述规定认定加害人侵害隐私权责任成立。

二、侵害隐私权的抗辩事由

《最高人民法院关于审理利用信息网络侵害人身权益民事纠纷案件适用法律若干问题的规定》首次在网络环境下对是否构成侵害隐私权的行为人抗辩事由做出规定，根据第十二条，排除以下行为：（一）经自然人书面同意且在约定范围内公开；（二）为促进社会公共利益且在必要范围内；（三）学校、科研机构等基于公共利益为学术研究或者统计的目的，经自然人书面同意，且公开的方式不足以识别特定自然人；（四）自然人自行在网络上公开的信息或者其他已合法公开的个人信息；（五）以合法渠道获取的个人信息；（六）法律或者行政法规另有规定。其内涵基本可以推广到侵害隐私权的一般情形。

第五节　侵害隐私权的民事责任

行为人构成侵害隐私权，应根据《侵权责任法》承担侵权的民事责任，部分严重的侵害隐私权行为，根据《刑法》有关规定承担刑事责任。

基于《侵权责任法》的相关规定和我国《民法通则》第一百二十条第一款："公民的姓名权、肖像权、名誉权、荣誉权受到侵害的，有权要求停止侵害，恢复名誉，消除影响，赔礼道歉，并可以要求赔偿损失。"而隐私权又同姓名权、名誉权、肖像权等权利一样属于人格权的范畴，故适用于侵害隐私权的民事责任承担方式有如下几个：一是除去侵害，包括停止侵害、恢复名誉、消除影响、赔礼道歉，这些责任方式对一般的侵害隐私权行为均可适用；二是损害赔偿，包括精神损害赔偿和财产利益的损害赔偿。

一、停止侵害

停止侵害，是民事领域承担侵权责任中的首选。停止侵害的主要目的是制止侵害行为已经发生的情形，防止侵害后果的继续扩大，或者预防可能导致侵犯他人更重要权益的另类损害结果的发生。它要求对民事权益的侵害正在进行或者即将发生，如侵害已经施行完毕，则不可能再要求承担停止侵害的侵权责任。停止侵害，不是简单地停止侵权行为，而是要将侵权工具、载体加以销毁，或保证以后不再用于该类侵权事宜。比如将已公布的隐私的载体加以删除。

二、消除影响、恢复名誉

消除影响、恢复名誉，这也是隐私权侵权的责任承担方式，但并非适用于所有的隐私权侵权行为。一般而言，消除影响、恢复名誉都是公开进行的，其内容须事先经人民法院审查。恢复名誉、消除影响的范围，一般应与侵害行为所造成的不良影响的范围相当，比如：加害人在承担消除影响、恢复名誉的民事责任的同时，可能会继续公开、披露、宣扬或传播他人的隐私资料，其结果是，非但没有使受害人的精神得到抚慰，反而使其受到进一步的损害。因此，在有关侵害隐私权的案件中，行使以消除影响、恢复名誉为内容的人格请求权应当慎重。[1]

三、赔礼道歉

赔礼道歉，是侵害人格权时承担责任的一种重要方式，是侵权人向被侵权人承认错误，表示歉意，是尊重权利人人格尊严的最有效体现。由于隐私权的特殊性，其不像名誉权那样要求以赔礼道歉的方式公开进行，隐私权的权利人一般希望自己的隐私不再被更多的人知晓，故对隐私权人的赔礼道歉基本都是私下进行，以防止对隐私权的二次伤害。

四、赔偿损失

侵权责任以损害的发生为前提，损害赔偿以有实际损害为要件，若无损害则无赔偿。[2]赔偿损失，是承担隐私权侵权责任的最主要的方式。在赔偿损失方面应遵循全面赔偿的原则，主要包括了对精神损害的赔偿和对

---

1 张新宝. 隐私权的法律保护[M]. 北京：群众出版社，1997：270.
2 王泽鉴. 侵权行为[M]. 北京：北京大学出版社，2009：175~176.

财产损害的赔偿，即既要赔偿直接损失，又要赔偿间接损失。对于一般的侵害隐私权的精神损害赔偿，可以参照侵害名誉权精神损害赔偿的计算方法；对于非法利用隐私的精神损害赔偿，可以参照侵害肖像权中非法利用肖像的精神损害赔偿的计算方法；而对于财产利益的损失，应按全部赔偿原则处理，予以全部赔偿。

（一）精神损害赔偿

2001 年《最高人民法院关于确定民事侵权精神损害赔偿责任若干问题的解释》在第一条第二款中规定："违反社会公共利益、社会公德侵害他人隐私或者其他人格利益，受害人以侵权为由向人民法院起诉请求赔偿精神损害的，人民法院应当依法予以受理。"

我国法律设置精神损害赔偿制度是为了抚慰受害人及其近亲属的心理，补偿其精神损害，所以，在某种意义上其应当是一种"补偿"。实际上我国法律规定，对隐私权等人格权利进行精神损害的金钱赔偿并不是等价地估量每个人人格的价值，精神损害赔偿的数额绝不是个人人格的价值体现，而是希望在个人的人格权益受到侵害时，能够通过金钱而获得一定的抚慰和补偿，同时也是通过支付一定的金钱对加害人进行惩罚并起到警示社会的作用。

（二）财产损害赔偿

在隐私权侵权中，财产损害主要表现为一种间接的损害，即受害人因为隐私权受损害而导致的误工的损害、住院治疗支出医疗费用的损害，以及为了避免损害的发生和扩大而支出的其他费用的损害等。只要有证据能够证明财产损害的，法院一般都会予以支持（当然这里法院还会考虑到责任范围因果关系等因素）。

第十四章　婚姻自主权

第一节　婚姻自主权的概述

一、婚姻自主权的概念

婚姻自主权是自然人按照法律规定，自己做主决定其婚姻的缔结和解除，不受其他任何人强迫或干涉的具体人格权。

我国的法律有"婚姻自由"和"婚姻自主权"两个概念，但其实是不矛盾的。《中华人民共和国宪法》（以下简称《宪法》）第四十九条规定："禁止破坏婚姻自由。"《中华人民共和国婚姻法》（以下简称《婚姻法》）第二条规定："实行婚姻自由、一夫一妻、男女平等的婚姻制度。"第三条规定："禁止包办、买卖婚姻和其他干涉婚姻自由的行为。"《婚姻法》明确指出婚姻自由是我国的婚姻制度，《宪法》也对该婚姻制度做出原则性的规定，可理解为，婚姻自由是我国婚姻的基本原则。封建时期的包办式婚姻，建立在"父母之命，媒妁之言"的基础上，缔结婚姻的男女双方一般没有感情基础，不能自由选择，只为了完成"上以事宗庙，下以继后世"的使命。近现代的婚姻自由制度是社会文明的产物，一个社会的稳定首先需要每个婚姻家庭的稳定，婚姻自由是家庭婚姻生活和谐的前提条件。

《中华人民共和国民法总则》（以下简称《民法总则》）第一百一十

条规定了自然人享有婚姻自主权。可见，婚姻自主权是具体的权利，是男女双方可根据自己的意愿缔结婚姻或解除婚姻，不再受到尊长的干涉。婚姻自主权是建立在婚姻自由制度的基础上所拥有的具体人格权，受到婚姻自由制度的制约，婚姻自由制度是婚姻自主权的保障。婚姻自主权在婚姻自由制度最宽泛的许可范围内行使权利。二者不是同一概念，但是紧密相关。

二、婚姻自主权的法律特征

（一）婚姻自主权的主体必须是具有完全婚姻行为能力的权利人

婚姻关系不同于其他的民事关系，需要双方共担家庭责任，所以婚姻自主权的主体必须是具有完全婚姻行为能力的权利人。《婚姻法》规定男22周岁，女20周岁即成为完全婚姻行为能力人。且婚姻行为能力仅分有无，而无限制一说，当具有婚姻行为能力时，任何人不得干涉其行使婚姻自主权，权利人有权自己决定婚姻的缔结和解除。该权利不得由他人代理行使，必须是根据自然人自身的意愿，并且亲自办理婚姻登记。

（二）婚姻自主权的客体是自主决定婚姻关系的人格利益

人格利益只归属于权利人本身，而身份利益往往还要归属于相对人。婚姻自主权的客体是自主决定婚姻关系，包括自主决定婚姻关系的缔结和婚姻关系的解除。这一点与封建时期的包办婚姻有着本质的区别，可以说是婚姻制度高度发展的成果。

（三）婚姻自主权须在婚姻男女双方合意的基础上才能实现

这一点是婚姻自主权不同于其他的民事权利之处，原则上每个具有婚姻行为能力的男女，均享有婚姻自主权，但是单方无法独自实现婚姻自主权。婚姻自主权只有在缔结婚姻关系或者解除婚姻关系中才能体现，而这都要男女双方达成合意才能实现。婚姻自主权体现的就是对于婚姻关系的意思自治。缔结婚姻的双方在意思表示一致的基础上才能成立婚姻关系，任何一方不得干涉对方是否愿意缔结婚姻的意志。解除婚姻关系的双方，一方不得干涉另一方离婚的意志，另一方也不得干涉对方不离的意志。

三、婚姻自主权的内容

不同的学者对于婚姻自主权所包含的内容有不同的理解，最为广泛的内容包括：恋爱自主权、订婚自主权、结婚自主权和离婚自主权。本书认为，恋爱虽是美满婚姻的前期条件，但是恋爱关系的可变性太强，在恋爱关系中，往往无须考虑双方家庭，无须担负更多的责任，这样的关系用法律难以规制，因此不应包括在婚姻自主权中。根据《婚姻法》规定的结婚自由和离婚自由，本书采取狭义的内容定义，认为婚姻自主权只包括结婚自主权和离婚自主权，与《婚姻法》相对应。

（一）结婚自主权

《婚姻法》第五条规定：结婚必须男女双方完全自愿，不许任何一方对他方加以强迫或任何第三者加以干涉。每个具有婚姻行为能力的权利人，都有权行使结婚自主权，包括：与何人结婚，何时结婚，何地结婚，是否复婚，与何人再婚等具体内容。不受任何他人以任何形式干涉。结婚自主权是男女双方所平等享有的权利，任何一方也不得将自己的意志强加在对方身上。买卖婚姻、包办婚姻、强制婚姻均是对婚姻自主权的侵犯。

结婚自主决定权的内容有如下三点。

1. 主体为异性男女双方

我国的《婚姻法》明确规定结婚的双方必须是异性男女，并未承认同性婚姻。但在世界范围内，同性婚姻得到越来越多国家和地区的认可，这也将被视为婚姻自主权的本质要求。瑞典最早通过立法来肯定同性基于婚姻自由而享有结婚的权利，从而使同性婚姻合法化。目前已经有将近三十个主权国家（地区）承认同性婚姻合法化，同性伴侣享有和异性伴侣同等的权利。我国的婚姻关系主体限制在异性男女双方，是由于传统观念占主导地位，但近几年关于"同性婚姻合法化"的争议一直没有停息，这意味着我国立法者也在持续关注该问题，并随着社会的发展和人们对同性婚姻的认同，婚姻关系主体的扩大是必然趋势。

2. 主观心理是男女双方出于自愿

出于自愿是给予男女双方自由选择的权利，选择与自己三观一致，共同追求理想目标，并有共同组建家庭向往的伴侣。有了稳定的感情基础才可能有美满的婚姻家庭生活，只有真正与自己倾慕的对象相结合，才能拥有保质的婚姻。对于男女双方的自愿要求，同时也是对任何第三人的限制，不得以任何理由干涉、破坏、强制男女双方缔结婚姻。婚姻关系的缔结，自然涉及很多因素，如经济条件、家庭环境、生活模式等，但对于这些客观因素的考虑不妨碍双方自愿的主观心理。在初婚自主决定权中，大部分都源于男女双方的自愿；但在复婚和再婚自主决定权中，男女双方的自愿程度就会受到来自家庭等各方面的压力。我国应在立法上更加细化地规定关于复婚自主决定权与再婚自主决定权的保护，每个人都是平等地享有婚姻自主决定权的，这与是否离异、是否决定再次选择配偶无关。

3. 结婚自主权应当受到法律的规制

没有绝对的自由，任何权利的自由都是在一定的法律规制范围内行使。在《婚姻法》中规定了结婚的实质条件和形式条件，结婚的程序要件，以及禁止结婚的情形。因为婚姻关系的成立会导致法律上许多权利义务关系的变化，在社会环境中也会产生一定的影响，因此结婚自主权虽然是尊重男女双方的意志，但是依然要受到法律的制约。

（二）离婚自主权

我国《婚姻法》第三十一条规定：男女双方自愿离婚的，准予离婚。由于受传统思想的影响，离婚自主权难以得到重视，在实践中的行使也受到重重阻力。但是作为结婚自由制度的补充，离婚自由制度也是重要的组成部分，有了离婚自由制度才是实现真正的婚姻自由。

美满的婚姻家庭生活应建立在深厚的感情基础上，双方想要维系婚姻的意愿是一致的。但是在婚姻生活中，彼此深入了解后，不排除感情日益消减，最后失去感情基础。现代社会，人人都应该追求有质量的婚姻，而非为了某些客观原因将就生活，所以离婚自主权保障的出发点即是为了人人都有权利结束不幸或不符合预期的婚姻关系，并有重新追求幸福婚姻的权利。

1. 主体为合法婚姻关系的夫妻双方

只有是合法的夫妻关系，其婚姻关系受到法律的保护，才存在"离婚"这一说法。法律承认有婚姻关系的夫妻双方，任何一方想要结束婚姻关系，都有权提出。

2. 离婚自主权要由夫妻双方达成合意，并办理相关的离婚登记手续

与结婚自主权相同，双方都享有离婚自主权，但只有在双方达成解除婚姻关系的合意时，离婚自主权才真正发挥效力。离婚是婚姻关系的解除，同时也会造成法律上的民事关系的变更或消灭，因此不能是双方口头提出即可，要履行法律规定的登记手续。

3. 离婚自主权不受任何第三人的干涉，不允许第三人以固有的传统思想限制夫妻双方行使离婚自主权

可以允许第三方进行调解，在夫妻的感情未完全破裂时，通过自愿合法的调解挽救婚姻，但不得强迫任何一方必须接受调解结果，继续维系婚姻关系。

四、婚姻自主权的本质

关于婚姻自主权的本质，学界有以下三种主张：一是人格权说。认为婚姻自主权也同其他人格权一样，其权利能力仍是一种一般的权利能力，即人一出生即享有，权利与主体间具有不可分离的属性，因而属于人格权的一种，是独立的人格。二是身份权说。这种主张认为，婚姻自主权是一种基本的身份权。依据婚姻自主权，我国自然人有权依法缔结或解除婚姻关系，并不受对方的强迫或他人的干涉。三是自由权说。这种主张认为，婚姻自主权的性质是自由权，将其概括在自由权的范围之内，因而婚姻自主权就是婚姻自由权。

本书赞同第一种主张，即婚姻自主权的本质是人格权。首先，婚姻自主权是人生而即享有的，虽然达到法定年龄方能行使，但这并不意味着是一项后天的权利。婚姻自主权的取得无须履行特定的行为或程序。婚姻自主权是与特定的人所专属享有的，他人不能代替行使，更不能转让和继承。其次，婚姻自主权的行使，会产生或解除相关的亲属关系，但这并不代表婚姻自主权属于身份权。应理解为，是由于行使婚姻自主权，婚姻关系得以缔结或解除，才有了亲属关系的产生和变更，所以身份属性的产生在后，人格权属性在前。最后，婚姻自主权是充分尊重男女双方的意志自由，自然有自由权的属性。但自由权更多的是强调身体自由，而婚姻自主权是男女双方决定婚姻关系的权利，是意志自由的层面。

第二节　婚姻自主权的历史发展

"尊长主婚"制度在婚姻制度的历史发展中长时间地占据了主要地位。班固在《白虎通》中将婚嫁规则叙述为："男不自专娶，女不自专嫁，必由父母。须媒妁何？远耻防淫佚也。《诗》云：'娶妻如之何？必告父母。'又曰：'娶妻如之何？匪媒不得。'"可见，在西周时期，就已形成以父母为中心，媒人为中介的婚嫁制度，男女不可自由认识、自由恋爱、自由结婚，一切都必须听从父母的安排，不做淫秽苟且之事。

唐朝的《唐律疏议》第一次以法律的形式对"尊长主婚"制予以认可，并在此后的很长时间内，都被作为各朝代沿袭的婚姻制度原则。《唐律疏议》在"嫁娶违律"条中如此规定：诸嫁娶违律，祖父母、父母主婚者，独坐主婚。若期亲尊长主婚者，主婚为首，男女为从。余亲主婚者，事由主婚，主婚为首，男女为从；事由男女，男女为首，主婚为从。其男女被逼，若男年十八以下及在室之女，亦主婚独坐。该条规定正面肯定了尊长主婚的地位。同时，唐代的法律规定了婚姻缔结的实质要件有："一夫一妻制""同姓不婚"等。婚姻缔结的形式要件有"报婚书""有私约""六礼"等程序，所谓"六礼"即包括"纳采""问名""纳吉""纳征""请期""亲迎"。至清末，被称为中国历史上第一部民法典草案的《大清民律草案》第一千三百三十八条规定：结婚须由父母允许。这条规定排除了其他至亲的决定权，父母具有最终决定权。这与唐代的"告知父母"相比，是更加集权地包办，必得允许方可结婚。

争取婚姻自主权在漫长的历史发展中有明显进展的时期是近代五四时期。这一时期的青年十分活跃，接受新思维新思想，在社会舆论的支持下，当时国民党主办的上海《民国日报》就以倡导婚姻自由为宗旨，甚至提出许多实际应对传统包办式婚姻的办法。其中最为活跃的是邵力子，他建议："如尚未订婚，但受传统家庭制约，一时不能有择偶自由，要坚持缓定主义，到经济能够自立时，再求相当配偶，同时注意就婚姻问题预先提出警告。对已被强制订婚的青年，他建议要求所定女子入学，并说明自己和对方要学到何种程度，才结婚。而女子进入学校，自能领略婚姻自由真理。那时可要求先做学问上的朋友，如性情相投，可成佳偶；不然，提出解除婚约，对方也不致反对。倘这些办法都行不通，则要不惜与家庭决裂。求得婚姻自主的根本办法，是在经济上求得独立。"

此后，在 20 世纪中期，国家的政策和法律开始出现巨大转变，最高法院 1930 年发布的上字第七百八十三号法令规定，"婚约应当由男女当事人自行订定，其非男女当事人自行订定之婚约，非得其本人追认自难生效"。1930 年 12 月 26 日公布的《民法·亲属编》，第二章第一节的第九百七十二条及第九百七十五条规定："婚约，应由男女当事人自行订定"，"婚约不得请求强迫履行"。可以说，至此，婚姻自主权在法律上得到了认可。新中国成立后，颁布的《婚姻法》在总则部分将婚姻自由作为原则性规定，在第二章和第四章分别规定了结婚自由和离婚自由。新《婚姻法》的规定，标志着"包办婚姻""买卖婚姻"从此退出历史舞台，是社会文明进步的标志。

第三节　婚姻自主权的法律保护

一、侵害婚姻自主权的构成要件

对婚姻自主权提供法律保护，首先应确定侵害婚姻自主权的行为，在确定侵权后，对于侵害该权利的行为人责令承担侵权责任，对于利益受损的权利人提供救济途径。侵害婚姻自主权的认定有以下四个要件。

（一）有侵害婚姻自主权的违法行为

侵害婚姻自主权的违法行为包括积极作为和消极不作为的情形。积极作为的违法行为主要包括通过胁迫、暴力干涉、限制自由等方式。消极的违法行为如负有供养义务的父母，因子女不服从其对婚姻的安排，而拒绝履行供养义务。具体行为主要如下。

1. 一方强迫另一方结婚或离婚

婚姻自主权的行使是不受他人干涉的，但行使的同时不能干涉他人的婚姻自主权。一方以主张婚姻自主权为由，强迫另一方违背其真实意愿而结婚或离婚，是对婚姻自主权的滥用。通常是男方对女方进行逼婚、抢婚；双方家长顾虑到舆论压力而强迫双方离婚或不准离婚。

2. 包办婚姻

包办婚姻是指第三人，尤其是长辈，将自己的意志强加到子女身上，一手包办婚姻，全然不顾子女的人生幸福。严重侵害子女的婚姻自主权，剥夺了子女选择婚姻对象的权利。

3. 买卖婚姻

买卖婚姻顾名思义，是指建立在大量钱财物质的基础上的婚姻。往往出现在农村，以钱财交换为前提条件，若不满足或达不到标准，就不同意该婚事。

4. 干涉父母再婚

再婚自主决定权也是婚姻自主决定权的重要组成部分，但是离异或丧偶的父母，在决定再婚时却常常受到子女的干涉和阻挠，顾及社会上的流言。其实再婚自主权是已离异或丧偶的行为人所享有的权利，不受任何人干涉。

5. 欺骗离婚

欺骗离婚是指用不正当的手段欺骗对方，在对方不清楚真实意图的情况下，同意离婚。这属于侵害对方的婚姻自主权行为。受欺骗的一方可以提出证据，主张撤销离婚登记，法院应当予以支持。

（二）侵害婚姻自主权有损害结果的发生

侵害婚姻自主权造成的损害，直接表现是不能行使或者丧失部分婚姻自主权。行为人可能通过限制人身自由、损害名声、损失财产的行为以达到侵害婚姻自主权的目的，这就造成人身自由受损，名誉受损，财产损失等间接损害结果。如果侵害婚姻自主权的同时还造成如上的结果，作为加重情节应严厉处罚。

（三）干涉行为与损害结果具有因果关系

侵害婚姻自主权的行为要求造成损害结果，与之有明确的因果关系，即干涉行为是损害结果发生的原因，损害结果是干涉行为的后果。

（四）行为人主观上为故意

侵害婚姻自主权要求行为人主观心理是故意的，过失不能认定为侵害婚姻自主权。行为人是有明确的干涉婚姻自主权的权利人行使权利的目的，在该目的的支配下，实施一系列的行为侵害其婚姻自主权。侵害婚姻自主权的责任确定适用过错责任原则。

二、侵害婚姻自主权的救济途径

因为侵害婚姻自主权适用过错责任原则，应当根据《中华人民共和国侵权责任法》（以下简称《侵权责任法》）第六条："行为人因过错侵害他人民事权益，应当承担侵权责任。"来确定侵权责任。构成侵权的，应当依照第十五条和第二十二条承担侵权责任。

对于侵害婚姻自主权，首先应当先责令行为人停止侵害，排除妨碍，使权利人能够正常行使婚姻自主权，依照自己的意愿选择是否缔结或解除婚姻，选择何时何地与何人以何种方式缔结婚姻等。若造成了名誉受损等其他不良的社会影响，可以要求行为人在公开的场合，如公开发行的报纸上，登报道歉、消除影响。侵害婚姻自主权造成精神损害的，可要求赔偿损失。

第十五章　荣誉权

第一节　荣誉与荣誉权

一、荣誉的概念

荣誉，在汉语词汇中，意思是指成就和地位得到广为流传的名誉和尊荣。对于荣誉的概念，详细来看，是指社会或集团对人们履行社会义务的道德行为的肯定和褒奖，是特定人从特定组织获得的专门性和定性化的积极评价。个人因意识到这种肯定和褒奖所产生的道德情感，称为荣誉感。

中国历史上，孟子最早从伦理方面使用荣辱概念："仁则荣，不仁则辱。"荣誉是社会历史范畴。不同的社会或不同的阶级对同一行为的褒贬不同甚至相反，如历史上，对体力劳动，剥削阶级以劳动为耻，劳动者则以辛勤劳动为荣。荣誉的获得与履行道德义务密切相关，忠实履行对社会、阶级或他人的义务是获得荣誉的前提。

（一）荣誉的特征

第一，荣誉是社会组织给予的评价，而不是一般的社会评价。

第二，荣誉是社会组织给予的积极评价，而不是消极的评价。

第三，荣誉是社会组织给予的正式评价，而不是随意性的评价。

第四，荣誉是民事主体依据自己的模范行为而取得的社会组织的评价，而不是自然产生的。

（二）荣誉与名誉的联系

荣誉与名誉都是社会对于特定的自然人或法人行为的一种评价，但二者又有不同。

第一，荣誉是社会组织给予的一种评价，而不是一般的社会评价。名誉作为一种社会评价，它的来源是公众。而荣誉不是公众的评价，它是由政府、社团、所属单位或其他组织对特定人给予的评价。

第二，荣誉是一种积极的评价，而不包括消极的评价。名誉作为社会公众对特定人的品行、能力、才华、业绩等的综合评价，既包括对一个人的积极评价，也包括对一个人的消极评价。但是荣誉作为一种社会评价，其肯定是积极的评价，即它是对一个人肯定性的、褒扬性的评价。

第三，荣誉是社会组织给予的正式评价，而不是随意的评价。名誉这种社会评价是社会公众进行的自由的、随意的评价，而荣誉则不同，它必须是社会组织对一个人基于其某方面突出表现或贡献而做出的正式评价。

二、荣誉权的概念

若从简单的汉语词汇上来看，荣誉权是指自然人、法人所享有的，因自己的突出贡献或特殊劳动成果而获得的光荣称号或其他荣誉的权利。随着如今立法的不断完善，"荣誉权"这个概念在法律规范中出现得越来越频繁。但对于法律规范上的荣誉权，我国法学界至今没有较为确切的说法。

关于荣誉权的定性，比较权威的是杨立新先生提出的。他在荣誉权命题下系统地梳理和阐述了荣誉及其本质。根据他的梳理，对荣誉的界定较有代表性的有六种。一是认为"荣誉是特定人从特定组织获得的专门性和定性化的积极评价"；二是认为"荣誉就是公民或者法人光荣的名誉，它的表现形式是获得嘉奖或者是光荣称号等"；三是认为"荣誉与名誉一样，都是社会对特定的公民或法人行为的一种评价。但荣誉与名誉又不一样，它是根据一定程序或者由国家行政机关给予特定人的评价"；四是认为"公民的荣誉是公民在学习、生产、工作或战斗中表现突出、成绩卓著、立有功勋而获得的光荣称号"；五是认为"荣誉即美誉或光荣的名誉，它是国家、社会对公民、法人在生产经营、科学实验、文化教育等在社会活动中做出贡献、取得成果所给予的精神奖励"；六是认为"荣誉，是公民或法人在生产劳动和各项工作中成绩卓著所受到的表扬和奖励，荣誉是政府、组织等机构对于公民、法人所做的一种正式、公开的评价"。

（一）荣誉权的特征

首先，荣誉的本身是一种社会评价，且荣誉所涉及的各类积极利益也是荣誉的客体。从民事权利的角度来看，荣誉既属于期待权，又属于既得权。荣誉的期待权，是指特定主体具备应获得荣誉的条件时，而荣誉授予主体未授予其荣誉，其有权向授予主体主张其应得荣誉的权利。荣誉的既得权，是指荣誉的获得者对其已经实际获得的荣誉和利益具有排他胜，其他民事主体对其负有不可侵犯的绝对义务。

其次，荣誉的授予主体是特定的，且授予的程序是严格的。授予主体表现为法人、团体或其他社会组织，自然人不能成为荣誉的授予主体，一般较为常见的授予主体为国家机关、企事业单位、社会团体和其他非法人团体等。严格程序表现为获得或即将获得荣誉的主体均应按照相应的程序，而非不经由任何程序便可取得荣誉。

最后，从荣誉的权利属性角度而言，第一，荣誉的获得具有严格的主体依附性，荣誉权不可转让，更不可非法剥夺。第二，荣誉不具备实物财产的属性，荣誉并非财产权本身，却是民事法律关系的主体从事民事活动的前提，以及获得财富的基础。第三，在民事权利体系中，荣誉属于绝对权，民事活动的不特定民事主体负有绝对的不侵犯和不妨碍义务。第四，荣誉权具有其他民事权利所拥有的特性，即平等性。任何民事主体都有可能获得荣誉并受到法律保护。

（二）荣誉权与名誉权的联系

荣誉权与名誉权虽然都是人格权，但是二者还是有区别的。

对于名誉权，草案做了规定，并规定禁止以侮辱、诽谤等方式侵害自然人、法人或者其他组织的名誉权。鉴于名誉权的特殊性，规定名誉权不得抛弃、转让，抛弃和转让名誉权的行为一律无效。为了对名誉权加以特别保护，规定禁止利用严重失实的新闻报道损害他人的名誉，禁止利用内容不当的文学作品损害他人名誉，禁止借检举、控告之名，侮辱、诽谤他人。

首先，从荣誉权与名誉权的客体分析，这是两者的主要区别。一般所认为的名誉指社会对主体的褒奖、贬损、中性的评价。荣誉权相关的荣誉则是一种特定组织给予的正式积极评价。名誉权和荣誉权的区别就在于此。

其次，从权利的主体分析。一般主张荣誉权属于身份权，认为名誉权为所有民事主体享有，而荣誉权只为获得荣誉之后的主体享有。

最后，从权利的取得和消灭不同分析。认为名誉权为人所固有：始于出生，终于死亡。而荣誉权的产生依据获得荣誉的事实而发生，且可依一定程序取消或剥夺。

第二节　荣誉权的立法发展

一、国外立法考察

目前，世界各国的立法中，明确规定荣誉权的法律条文较少，对比之下，名誉权的规定更为具体和详细。国外对荣誉权有明确规定的法律如下。

《蒙古民法典》第七条规定，如果公民、法人认为自己的名誉、荣誉、商誉受到了侵害，有权要求否定损害其名誉、荣誉的言论并消除此等诽谤造成的损害。第三百七十七条规定，对他人生命、健康、名誉、荣誉、商誉和财产造成损害者，须全额赔偿此等损害。《蒙古民法典》通过以上两个条款明确了荣誉权作为民事权利，受到侵害后，可提出否定并消除损害荣誉的不实言论和赔偿请求。

《意大利刑法典》第五百八十五条至第五百九十五条、《意大利版权法》第九十七条规定了荣誉权和名誉权。

《加拿大魁北克省人权与自由宪章》第四节规定，每个人都享有维护自身尊严、荣誉与名誉的权利。

除了上述国家或地区的法律对荣誉权有规定，部分的国际公约也有涉及荣誉权。

如《世界人权宣言》第十二条："任何人的私生活、家庭、住宅和通信不得任意干涉，他的荣誉和名誉不得加以攻击。人人有权享受法律保护，以免受这种干涉或攻击。"《公民权利和政治权利国际公约》第十七条："任何人的私生活、家庭、住宅或通信不得加以任意或非法干涉，他的荣誉和名誉不得加以非法攻击。人人有权享受法律保护，以免受这种干涉或攻击。"《关于战时保护平民的日内瓦公约》（1949年日内瓦第四公约）第二十七条："被保护人之人身、荣誉、家庭权利、宗教信仰与仪式、风俗与习惯，在一切情形下均应予以尊重。无论何时，被保护人均须受人道待遇，并应受保护，特别使其免受一切暴行，或暴行的威胁及侮辱与公众好奇心的烦扰。"《美洲人权公约》第十一条："人人都有权使自己的荣誉受到尊重，自己的尊严受到承认。不得对任何人的私生活、家庭、住宅或通信加以任意或不正当的干涉，或者对其荣誉或名誉进行攻击"等。

可见，荣誉权在世界各国的立法中都略显欠缺，即使有涉及，也是与名誉权一起提及。而且，对于荣誉权明确的法律规定只是出现在小范围的立法和公约中，尤其对我国立法有极大影响力的《德国民法典》中也没有规定荣誉权。当然，没有明确规定荣誉权的国家或地区并不意味着其不保护个人荣誉，只是没有定义荣誉权的概念，从其他方面是有对荣誉进行保护和救济的。

二、国内立法考察

荣誉权是较容易被忽视的权利，以至于在三次民法典的编纂工作中，最后一次通过的《中华人民共和国民法草案（第四稿）》才将荣誉权囊括在内。

1986 年的《中华人民共和国民法通则》（以下简称《民法通则》）第一百零二条规定："公民、法人享有荣誉权，禁止非法剥夺公民、法人的荣誉称号。"第一百二十条规定："公民的姓名权、肖像权、名誉权、荣誉权受到侵害的，有权要求停止侵害，恢复名誉，消除影响，赔礼道歉，并可以要求赔偿损失。法人的名称权、名誉权、荣誉权受到侵害的，适用前款规定。"可见，《民法通则》明确地将荣誉权定义为民事权利，侵害荣誉权与侵害姓名权等权利有相同的救济方式。

在《中华人民共和国侵权责任法（草案）》（以下简称《草案》）的三次审议中，列举的十五种民事权益中，并没有荣誉权的存在。但是在 2009 年 12 月 26 日第十一届全国人大常务委员会第十二次会议通过的《中华人民共和国侵权责任法》却将荣誉权列入民事权益之中。在斟酌再三的情况下，荣誉权越来越受到重视。

荣誉权在实践中涉及广泛，因此也出台了关于荣誉权的司法解释。主要是 1988 年 1 月 26 日最高人民法院审判委员会讨论通过的《最高人民法院关于贯彻执行〈中华人民共和国民法通则〉若干问题的意见（试行）》（《民通意见》）和 2001 年 2 月 26 日最高人民法院审判委员会第 1161 次会议通过的《最高人民法院关于确定民事侵权精神损害赔偿责任若干问题的解释》（以下简称《精神损害赔偿司法解释》）。

《民通意见》第六十九条规定，以给公民及其亲友的生命健康、荣誉、名誉、财产等造成损失或者以给法人的荣誉、名誉、财产等造成损害为要挟，迫使对方做出违背真实的意思表示的，可以认定为胁迫行为。第一百五十条规定，公民的姓名权、肖像权、名誉权、荣誉权和法人的名称权、名誉权、荣誉权受到侵害，公民或法人要求赔偿损失的，人民法院可以根据侵权人的过错程度、侵权行为的具体情节、后果和影响确定其赔偿责任。第一百五十一条规定，侵害他人的姓名权、名称权、肖像权、名誉权、荣誉权而获利的，侵权人除应适当赔偿受害人的损失外，其非法所得应当予以收缴。《民通意见》关于荣誉权的规定，在于确定如何判断荣誉权受到侵害，界定侵害荣誉权的责任承担方式。

《精神损害赔偿司法解释》第一条第一款规定，"自然人因下列人格权利遭受非法侵害，向人民法院起诉要求赔偿精神损害的，人民法院应当依法予以受理：（一）生命权、健康权、身体权；（二）姓名权、肖像权、名誉权、荣誉权……"

第三条规定："自然人死亡后，其近亲属因下列侵权行为遭受精神痛苦，向人民法院起诉请求赔偿精神损害的，人民法院应当依法予以受理：（一）以侮辱、诽谤、贬损、丑化或者违反社会公共利益、社会公德的其他方式，侵害死者姓名、肖像、名誉、荣誉……"

我国澳门地区民法典并没有将荣誉权作为独立的民事权利予以规定，而是将其涵盖在名誉权的保护当中。第七十三条详细规定了名誉权，即"一、任何人均有权受保护，以免被他人以指出某种事实或做出某种判断，使其名誉、别人对其之观感、名声、声誉、个人信用及体面受侵犯。"

我国关于荣誉权的立法，有很多条文涉及，但是并没有形成体系，而是零碎地分散在各部门法和司法解释中。虽然明确了侵权方式、责任承担，但没有详细提到荣誉权的定义、性质，使学术界对于荣誉权的性质有很大的争论。

第三节　荣誉权的权利属性

一、荣誉权的独立性

荣誉权的权利属性的定义前提是荣誉权是否是一项独立的权利。由于立法的模糊，对于荣誉权的独立性始终存在较大的争议，学界主要有否定说和肯定说两种观点，肯定说中又对荣誉权进行进一步定性，细分为人格权说、身份权说和双重属性说。

（一）肯定说

该说为现在学术界的主流观点，是大多数学者所主张的观点，认为荣誉权是一项独立的民事权利，但在这个大前提下，又有了三种不同的观点：一是荣誉权是人格权；二是荣誉权是身份权；三是荣誉权同时具备人格权和身份权的双重属性。持肯定说的理由如下：首先，在我国现有的法律法规和司法解释中，都明确地将荣誉权规定为一项独立于名誉权的民事权利，在立法上得到了肯定就意味着荣誉权作为独立的民事权利存在合理立法的理论基础和存在价值。其次，即使世界范围内鲜有对荣誉权的明确规定，但我国的立法是应符合我国国情，体现国家意志的，因此我们应当突破固有的立法限制，勇于将具有合理性、可行性的规范通过法律予以明确。最后，即使荣誉权的案子在实践中并不多见，但是明确了荣誉权的性质，有助于保障相关案件的公平正义。

1. 人格权说

荣誉权是基于自然人或法人成就卓越而授予荣誉称号，以荣誉权人的身份享受他人的尊重，享有较高的社会评价的权利。任何人都负有不得侵犯的义务。即使荣誉权的获得常常伴随其他的物质利益，但是从根本上，可认为相应物质利益的取得也是源于荣誉的获得，所以获得尊重和他人良好的评价仍是荣誉权的核心内容。正如张俊浩教授认为："荣誉、名誉、贞操、精神纯正和信用这五种人格权均与自然人的尊严密切相关，我们将其统称为尊严型精神人格权。"

2. 身份权说

该观点从荣誉权的获得和荣誉权享有的主体两方面否定荣誉权属于人格权。荣誉权的获得并不是人人生来就具有的，也不是法人组织在成立后就自动取得的，而是在工作或其他环节中，基于一定的事实，在特定的评价体系下才具有的；这与人格权是与人格紧密相连，自动取得不同。享有荣誉权的主体也不是任一自然人或法人，而是被授予荣誉和表彰的特定个体，这与人格权是人人具有，并且平等享有不同。因此，主张这一观点的学者认为，荣誉权应是身份权。

3. 双重属性说

该观点主张荣誉权兼具身份权和人格权两种权利的属性，《民法通则》第一百零二条规定："公民、法人享有荣誉权，禁止非法剥夺公民、法人的荣誉称号。""根据前一句话，荣誉权是人格权；根据后一句话，荣誉权为身份权。"故得出此观点。

（二）否定说

该观点认为荣誉权无须作为一项独立的权利予以规范，既不具备人格权的属性，也不具备身份权的属性，更不兼具人格权和人身权的双重属性。持该观点的以张新宝教授为代表。首先，他主张"荣誉并非人人都可能享有和必须具有，它是一种并不具有普遍意义的特殊人格或精神利益，因此不应以具有普遍意义的民事权利形式加以确认和保护，实践中授予荣誉的种类和级别不甚规范，很难施以规范的民法来进行调整"。其次，张新宝教授从比较法的角度进行考量，"比较法研究结果显示，多数国家的民法典均未将荣誉或荣誉权列为独立于名誉权的民事权利，即使是我国主张荣誉权肯定说的学者，对荣誉权的性质、侵害的方式等也无统一的认知"。

最后，持否定说的学者甚至认为，"将荣誉权立法并规定在《民法通则》第五章第四节人身权中，可谓之立法上的失误，应当在今后制定民法典时加以修正"。

综上，人格权独立性的否定说的观点主要如下：第一，荣誉作为荣誉权的客体而言，往往是授予在某一领域或某一行业表现突出，贡献卓越的自然人或法人，并非人人都会获得和享有荣誉，再加之用民法进行规范的难度较大，因此认为无须将荣誉权单独作为民事权利。第二，世界范围内少有将荣誉权独立进行规定的，大多数国家都将荣誉权包括在名誉权之中加以保护和救济。第三，在持肯定说的学者中，也没有对荣誉权的性质达成一致观点。

二、荣誉权独立性否定说分析

支撑持否定说的学者主张的理由都过于片面。

首先，荣誉虽不是人人都享有的，但是人人都是有可能获得和享有的，既然有这样的行为存在，就会因此产生许多法律关系，也就需要法律进行调整。司法实践中目前此类案件较少，但随着社会的发展，每个人的法律意识增强，荣誉的获得者也会更加重视荣誉，以及更加关注能否真正享受荣誉所带来的权利，所以不能因为现在的案件少就不对荣誉权进行立法保护。

其次，即使多数国家未规定荣誉权，但民事权利是不断发展的，没有一个法典或者一个法律体系是完美无瑕的，总是在进步的过程中发现不完善之处。人们参与社会活动的机会在不断增多，获得荣誉的可能性也在不断增大，我国国情决定了授予荣誉的情况普遍多于其他国家，因荣誉权而产生争议的法律关系会日益增多。所以，将荣誉权作为一项独立的民事权利很有实践意义。

最后，荣誉与名誉有着明显的区别，难以用名誉完全包含荣誉，也就不能将名誉权的法律规定直接套用来调整名誉权的法律关系。虽然持肯定说的学者们还未对荣誉权的性质达成一致，但这不能是逃避立法的理由。在这种争议不断的情况下，更应该通过立法来明确荣誉权的性质，以便统一认识，更好地维护荣誉权人的利益。

三、荣誉权独立性肯定说分析

（一）人格权说分析

人格权是民事主体所固有的民事权利，即民事主体存在时人格权就依法存在，民事主体消灭时人格权就随之消失。民事主体的人格权是客观必然存在的，无须为特定的行为，也无须基于特定的事实才能取得。显然，荣誉权就与之不同，尽管人人都有取得荣誉的可能，但需要民事主体为之做出积极的努力，才有可能经过评定，获得荣誉，享有荣誉权。也就是说，荣誉权是需要特定民事主体为符合评价体系的有益行为，不是主体与生俱来的权利。与人格权与生俱来的固有属性相违背，因此，难以认定荣誉权的性质属于人格权。

（二）身份权说的分析

身份权以其独有的社会基础和价值，不依附于其他权利的产生而存在。"主体的身份指主体的某种地位，其实是具体主体因身份根据的专属性归属而与其他主体发生的法律关系。身份根据即主体特定化的根据，包括相对身份根据和绝对身份根据。相对身份根据发生相对身份权，如配偶权、亲权、亲属权。相对身份人支配身份，其实是支配自己的行动。相对身份根据是专属性的特定行为，属人身范畴。绝对身份根据发生绝对身份权，如荣誉权，其身份根据为荣誉，属准人身。绝对身份权人支配身份，其实是通过自己的行动支配一专属的'身外之物'。"随着社会的发展和民法领域的深入，身份权已经成为相对身份权和绝对身份权的双重定义，身份权的客体已不再单指自然人，而更多赋予了身份利益。荣誉权与特定的民事主体身份紧紧相连，失去了主体，荣誉权也就失去了载体，并且享受荣誉权的资格是不可转让的身份利益。所以，本书认同荣誉权属于身份权的观点。

（三）双重属性说分析

持该观点的是根据我国目前的立法体系得出的。但是，严谨的立法体系需要有强有力的理论基础支撑。此外，在上述的分析中，荣誉权不具有人格权的性质，也就间接否定荣誉权双重属性之一的人格权属性，也就不存在双重属性的结合。

第四节　侵害荣誉权的保护

一、侵害荣誉权的认定

（一）侵害荣誉权的违法行为

侵害荣誉权的主体是一般主体，并不只是国家机关或组织。侵害的荣誉权包括公主体授予的荣誉，也包括私主体授予的荣誉，既可以是外部荣誉，也可以是内部荣誉。侵害荣誉权的违法行为是行为人对荣誉权人所获得的荣誉通过作为或不作为的方式进行破坏，或通过一定手段致使荣誉权人无法享受到荣誉所带来的利益。侵害荣誉权的违法行为包括作为，也包括不作为。但是，如果是通过不作为方式侵害荣誉权，则对于侵权主体应限制在有义务授予荣誉，并给予荣誉利益的机关和组织。具体的侵害荣誉权方式如下。

1. 非法剥夺他人荣誉

主体特定为国家机关或社会组织，即有权授予他人荣誉的机关、组织，或与授予他人荣誉的机关、组织存在一定的联系。这些机关没有法定理由，非经法定程序，通过官方宣布撤销权利人的荣誉的方式非法剥夺他人的荣誉。

2. 非法侵占他人荣誉

主体为一般主体。非法侵占他人荣誉的具体表现可以为：通过非法手段窃取他人的荣誉，夺取或盗窃他人的荣誉证书、荣誉牌匾等证明荣誉的物品，通过贿赂、弄虚作假等非法的手段强占或冒领他人的荣誉等。

3. 拒发权利人应得的物质利益

主体为特定的颁发或授予权利人获得荣誉所带来特定的物质利益的机关或组织。在获得较高的奖项时，往往会有相应的物质利益，如丰厚的奖金或对应价值的奖品。有关单位如果没有法定的理由，而以各种借口拒发或少发权利人应得的物质利益，构成对权利人荣誉权的侵害。

4. 侵害死者荣誉利益的行为

康德指出："一个人死了，好名声却是天生和外在的占有（虽然仅是精神方面的占有），它不可分离地依附在这个人身上，任何企图把一个人的荣誉或好名声在他死后加以诽谤或诬蔑，始终是可以追究的。"我国的精神损害赔偿司法解释也对此持肯定态度。死者的荣誉利益并不随着生命的结束而消失，它仍然影响着死者在世间的评价，因此我们应当给予死者荣誉利益以法律保护，不论该荣誉利益是生前获得还是死亡后获得。任何侵害死者荣誉利益的行为，其近亲属都有权提起侵权之诉。

（二）荣誉权遭受损害的结果

获得荣誉权包括获得荣誉称号或荣誉证书、牌匾等；通过获得荣誉而获得他人尊重的权利；因为获得荣誉而获得相应的物质利益，并享有对该物质利益的支配权。所以，荣誉权遭受损害包括实质损害和形式损害，主要分为以下三种。

1. 对于荣誉的损害结果

荣誉称号、荣誉证书、荣誉牌匾等形式正是获得荣誉权的载体。因此，有关的国家机关或组织，非经法定程序，无法定理由而非法剥夺权利人取得荣誉称号、扣发或不颁发荣誉证书、荣誉牌匾的，是对荣誉权最根本的侵害，从根本上否定了荣誉权人对荣誉的获得权。权利人未获得表征荣誉权的称号、证书等，则丧失对荣誉的占有，也就无法成为荣誉权人。

2. 对于荣誉的物质利益的损害结果

因获得荣誉而获得相应的物质利益，如果无法获得相应的物质利益，或获得物质利益后没有权利支配该利益，都是损害荣誉权导致的结果。损害物质利益获得权，是指因为侵害荣誉权的违法行为的存在，而没有获得与该荣誉相匹配的物质利益，或者所获得的少于应获得的物质利益。损害物质利益支配权，是指即使获得了荣誉的相应的物质利益，但有关机关或组织用公权力阻碍其支配物质利益。

3. 对于荣誉的精神利益的损害结果

荣誉的获得，对于荣誉权人而言，更是一种精神上的肯定，是能以荣誉权人的身份在社会上享受尊敬，提高自己的社会评价。如果行为人通过违法行为，使权利人无法以荣誉权人的身份进行社会活动，享受他人尊重，就会造成荣誉权人的精神利益受损，甚至内心情感深受伤害。如果进一步采取诋毁、诬蔑权利人的荣誉等行为，则会造成更深一步的伤害。

（三）侵害荣誉权的因果关系

侵害荣誉权的因果关系要件要求侵权人侵害荣誉权的违法行为是导致荣誉权受到损害事实的原因。因为荣誉权既包括荣誉本身，也涵盖了荣誉所带来的精神利益和物质利益，因此侵害荣誉权的客体较为广泛。而且，侵害荣誉权所导致的损害结果既可以是实质上的损害，也可以是形式上的损害。所以，对于侵害荣誉权的因果关系在实践中较为容易判断。

（四）侵害荣誉权的过错

侵害荣誉权的主观要件要求可以是出于故意的主观心理，也可以是出于过失的主观心理。

主观方面的要求是区别侵害名誉权与荣誉权的重要要件。故意地认定，应以其故意所指向的目的来确定，只要是以侵害荣誉权为目的，不论是否通过违法行为造成名誉权受损，都认定为侵害荣誉权。反之，若以侵害名誉权为目的，不论是否造成荣誉受损，都认定为侵害名誉权。

而对于过失的认定，则以过失造成的结果进行认定。如果过失造成了名誉受损，则认定为侵害名誉权；如果过失造成了荣誉受损，则认定为侵害荣誉权。

二、荣誉权受侵害的救济途径

荣誉权作为法定权利，应当有相应的法律法规进行规制，我国已经初步建立了荣誉权的救济体系，但仍有些特殊方面需要着重关注和完善。因侵害荣誉权的主体可以是有权颁发和授予荣誉的机关和组织，也可以是一般的主体侵占、强占他人的荣誉。所以，本书将荣誉权受侵害的情况分为以下四种，并且分别对应各自的救济途径。

（一）对公主体授予的内部荣誉的救济措施

公主体授予内部人员以内部荣誉，属于内部行政行为。对于公主体授予的内部荣誉的侵害往往是授予该荣誉的机关或组织，或与该机关或组织存在一定关系的其他公主体。公主体根据符合法律法规的内部奖惩机制而评定授予荣誉权人以荣誉，这属于行政机关的内部事务，如果公主体对荣誉权人构成侵害，则不属于民法救济范畴，受侵权人应通过行政机关内部申诉寻求救济，要求行政机关恢复其荣誉，并同时给予相应的其他利益。

（二）对公主体授予的外部荣誉的救济措施

有权评定荣誉的公主体授予非内部人员以外部荣誉。若此类荣誉受到侵害，受侵害人可以向人民法院起诉，通过诉讼来主张自己的利益。

（三）对私主体授予的内部荣誉的救济措施

私主体授予的内部荣誉一般是指企事业单位或其他的社会组织，依据自己订立的奖惩标准，以奖励在一定时间段表现突出的员工，激励其再接再厉，为单位创造更大的效益。对于此类的荣誉被侵害，受侵害人可以根据双方共同遵守的内部规章制度和共同签订的合同提起诉讼，要求恢复荣誉。

（四）对私主体授予的外部荣誉的救济措施

私主体授予的外部荣誉一般是在以私主体为主办单位（如企事业单位、社会机构）举办竞赛活动，并在活动中进行评比，以奖励在活动中表现出众的个人或队伍。若该类荣誉被授予私主体剥夺，则可以通过参加活动或比赛的协议，主张合同法上的违约责任，要求获得荣誉和其他应得的利益。

另外，有个值得关注的问题，即共同荣誉的保护。常出现数个人作为一个整体创造某个成就，有关部门将荣誉授予该团队，那么在这种情况下，荣誉权是否能够共有？首先，荣誉的取得伴随着精神利益的取得和物质利益的取得。荣誉权更多彰显的就是精神利益，精神利益专属于每个个人，与个人的人格价值相关联。因此，荣誉权不能共有。而"当将一个荣誉授予两个以上的主体时，这些主体共同享有荣誉权的精神权利。每一个主体都是荣誉的享有人，享有其精神利益，保持其荣誉称号，支配其荣誉利益。对于共同获得的荣誉，不能主张分割，只能保持其整体的荣誉"。其次，荣誉所带来的物质利益，从本质上归属于财产权，自然可以共有，可以进行分割。具体分割物质奖励时，有约定的从其约定，没有约定的按照贡献大小或均等分割。

后 记

本书从筹备到出版共用去三年的时间，这三年的时间里，我们的科研团队可谓是"日夜兼程"，撰写工作从未停笔。多少个阳光下我们奔走于各个图书馆、资料室；多少个月光里我们集体喝着咖啡进行资料汇总；多少次的课堂上我们争论观点，面红耳赤；多少个独处的时光里我们奋笔疾书！掩卷沉思，1000 多个日子历历在目……

一本著作的完成铭刻着许多艰辛的付出，凝结着许多辛勤的劳动和汗水。在此，对本书在策划和写作过程中，为我们的撰写工作提供了诸多支持的教授、同学和编辑们，表示深深感谢！

首先，感谢参与本书撰写的几位硕士研究生。感谢华清（男，1994 年出生，长春理工大学法学院，民商法方向硕士）、申玉中（男，1993 年出生，长春理工大学法学院，法律硕士）、王宇涛（男，1994 年出生，长春理工大学法学院，法律硕士）、王傅瑶（女，1992 年出生，长春理工大学法学院，民商法方向硕士）、陈雨兰（女，1996 年出生，上海大学法学院，民商法方向硕士）等 5 位硕士研究生在论文资料查阅、整合、汇总和撰写工作中的辛苦付出，你们的资料梳理与整合工作为本书的最后完成打下了最坚实的基础。

其次，感谢耿丽华教授在本书出版工作中给予的大力支持。您的帮助为本书能够顺利出版搭建了畅通的桥梁，有效衔接了本书的创作工作和出版发行，促成了本书的高效成书出版，在此特别表示诚挚的谢意。

最后，感谢本书的编辑杨茹。感谢杨编辑认真敬业地完成对本书的出版工作，以及对本书撰写中的瑕疵进行不厌其烦的更正。

学术研究是一种享受，撰写这样一本具有学术价值的著作，其过程更是一种享受。在其中我们享受着科研的苦与乐！在享受之余，我们心中也充满了感恩。因为在写作过程中，我们不仅得到同行的帮助，还借鉴了其他学者智慧的精华。相信他们劳动的价值不会磨灭，他们的法律思想和精神会在本书中得到最真切的诠释和升华！

周秀娟

2018 年 4 月 24 日